Oliver Steller
poesie&musik

Lessing wurde am 22.1.1729 in Kamenz/Oberlausitz geboren. Seine Mutter war Hausfrau, sein Vater Pastor. Der junge Lessing besuchte die Stadtschule in Kamenz, anschließend die Fürstenschule in Meißen. Danach studierte er Theologie in Leipzig und Medizin in Wittenberg. Als freier Schriftsteller lebte Lessing in Berlin. Er hatte Verbindung zu verschiedenen Theatergruppen und schrieb für diese seine ersten Stücke. Dauernd in Geldnot nahm er in Breslau eine Stelle als Sekretär beim General Tauentzien an.
1770 erhielt er eine Stelle als Bibliothekar in Wolfenbüttel. Am 15.2.1781 starb Lessing mit 52 Jahren in Braunschweig.

Oliver Steller, Jahrgang 1967, hat seine Liebe zur Literatur nach der Schule wiederentdeckt. Seit dieser Zeit vertont er Gedichte. Im Anschluss an ein Musikstudium in den USA und ein Jahrzehnt als freischaffender Musiker, gab der Gitarrist und Sänger 1995 sein Debüt als Rezitator. Zu seinen Bühnenprogrammen, die er deutschlandweit aufführt, veröffentlicht Oliver Steller seitdem CDs und Bücher.

GOTTHOLD EPHRAIM LESSING
"ALLES ODER NICHTS"
GEDICHTE • BRIEFE • LEBEN

poesie&musik

© poesie&musik 2011
1.-2. Tausend
Druck: GGP Media GmbH, Pößneck
Printed in Germany
Alle Rechte vorbehalten, insbesondere das des öffentlichen Vortrags, des Rundfunkvortrags, der Fernsehausstrahlung und der Verfilmung, auch einzelner Abschnitte.

"Es eifre jeder seiner unbestochnen,
von Vorurteilen freien Liebe nach."

Nathan der Weise

Inhalt

Übersicht der Gedichte..8

Vorwort..11
Bühnen-Programm..13

Anhang..61
Zeittafel..98
Sekundärliteratur-Empfehlungen..100
Internet-Links..102
Weitere Gedichte..103
Weitere Bühnenprogramme, Bücher und CDs..124
Kontakt..125
Zitate..126
Impressum..128

Gedichte und Schriften

Der Sonderling 13

Der Tanzbär 17

Aus einem Gedichte über die menschliche Glückseligkeit .19

Töne, frohe Leier 21

Der Tod 26

Das böse Weib 30

Das Muster aller Ehen 30

Der Genuß 32

Der über uns 34

Der philosophische Trinker 36

Der größte mann 38

Die drei Reiche der Natur 41

Die Einwohner des Mondes 44

Lob der Faulheit 47

Die schlafende Laura 49

Die Ringparabel 53

Ich 59

Die Erziehung des Menschengeschlechts 62

Laokoon 94

Lobspruch des schönen Geschlechts 104

Der Eremit 105

Die Abwechslung 116

Auf sich selbst 117

Die schlimmste Frau..118
Lied aus dem Spanischen..119
Wem ich zu gefallen suche, und nicht suche...................120
Zitate aus "Nathan der Weise".......................................126

Liebe Lyrikfreunde,

als ich angefangen habe, mich mit diesem Dichter zu beschäftigen, kannte ich ein paar von seinen Gedichten. Ich kannte das Zitat: "Kein Mensch muß müssen", und ich kannte drei von seinen Theaterstücken: "Minna von Barnhelm, oder das Soldatenglück", "Emilia Galotti" und "Nathan der Weise"; allerdings nur aus der Schule, und diese 'gelbe' Erinnerung liegt nun 25 Jahre zurück. Seitdem war ich der Überzeugung, dass Lessing ein langweilig-biederer Zeitgenosse gewesen sein musste.
Aber dann ist Gotthold Ephraim während meiner Vorbereitungen Mensch geworden. Ein solch´ intensives Leben hatte ich hinter den wenigen mir bekannten Zeilen nicht vermutet. Der Mythos des Klassikers verdeckt auch bei Lessing die Lebensgeschichte.
Hätten Sie vermutet, dass Lessing ein Spieler war? Ein richtiger Spieler, man könnte fast sagen: ein Zocker.
„Wenn ich kaltblütig spielte", schreibt er, „würde ich gar nicht spielen! Ich spiele aber aus gutem Grunde so leidenschaftlich. Die heftige Bewegung setzt meine stockende Maschine in Tätigkeit und bringt die Säfte in Umlauf."
Solche Sätze haben mich neugierig gemacht!

Mit diesem Programm wollte ich mir und hoffentlich auch Ihnen die Möglichkeit geben, diesen Dichter neu zu entdecken.

Oliver Steller
Frechen, den 22. Januar 2011

So bald der Mensch sich kennt,
Sieht er, er sei ein Narr;
Und gleichwohl zürnt der Narr,
Wenn man ihn also nennt.

So bald der Mensch sich kennt,
Sieht er, er sei nicht klug;
Doch ists ihm lieb genug,
Wenn man ihn weise nennt.

Ein jeder, der mich kennt,
Spricht: Welcher Sonderling!
Nur diesem ists Ein Ding,
Wie ihn die Welt auch nennt.

Lessing hat sich einmal mit einer Katze verglichen: eigensinnig und unberechenbar. Sein ganzer Lebensweg scheint darauf angelegt gewesen zu sein Forscher und Biografen zum Narren zu halten. Er selbst formuliert das so:

„Man denke sich einen Menschen von unbegrenzter Neugierde. Ohne Hang zu einer bestimmten Wissenschaft. Unfähig seinem Geiste eine feste Richtung zu geben. Er wird durch alle Felder der Gelehrsamkeit umherschweifen; Alles anstaunen, alles erkennen wollen, und alles überdrüssig werden. Er wird viel bemerken, aber wenig ergründen, auf mancherlei Spuren geraten, aber keine verfolgen."

Lessing ist Lyriker, Dramatiker, Literaturkritiker, Journalist, Dramaturg, Aufklärer, Gouverneurssekretär, Philologe, Übersetzer und Bibliothekar. Nur einen Roman hat er nicht geschrieben. Das einzige, was Lessing durchgängig schreibt, sind Theaterstücke und Epigramme - kleine Lebensweisheiten, die er schon als junger Mann verkündet:

„Freunde, Wasser machet stumm! Lernet dieses an den Fischen. Doch beim Weine kehrt sich's um! Dieses lernt an unsern Tischen"

Geboren wird Gotthold Ephraim am 22. Januar 1729 in Kamenz, hinter Dresden. „Ephraim" ist hebräisch und bedeutet 'doppelt fruchtbar'. Die Eltern sind fromme Leute. Die Mutter ist Hausfrau, der Vater Pastor. 12 Kinder gehen aus dieser Ehe hervor, von denen die Hälfte überlebt. Diese Kinder werden im rechten Glauben erzogen. Bibel, Glaube und Gebet bestimmen das tägliche Leben. Sobald der kleine Gotthold lallen kann, wird er zum Beten angehalten. Lessing wird diese streng protestantische Erziehung nicht mehr abschütteln:

„Der Aberglaube, in dem wir aufgewachsen, verliert, auch wenn wir ihn erkennen, seine Macht nicht über uns. Es sind nicht alle frei, die ihrer Ketten spotten."

Der Tanzbär

Ein Tanzbär war der Kett entrissen,
Kam wieder in den Wald zurück,
Und tanzte seiner Schar ein Meisterstück
Auf den gewohnten Hinterfüßen.
»Seht«, schrie er, »das ist Kunst; das lernt man in der Welt.
Tut mir es nach, wenns euch gefällt,
Und wenn ihr könnt!« »Geh«, brummt ein alter Bär,
»Dergleichen Kunst, sie sei so schwer,
Sie sei so rar sie sei!
Zeigt deinen niedern Geist und deine Sklaverei

Vier Jahre verbringt der kleine Gotthold auf der Lateinschule in Kamenz, dann schickt der Vater den 11-Jährigen nach Meißen auf die Fürstenschule St. Afra. Ab jetzt wird Gotthold seine Eltern nur noch alle 2 Jahre wiedersehen. Er soll lernen:
25 Wochenstunden Religion, 15 Wochenstunden Latein, Griechisch und Hebräisch mit jeweils 4 Wochenstunden, Französisch, Rhetorik, Mathematik, Geschichte und Erdkunde mit jeweils 2 Wochenstunden.
Das sind 10 Unterrichtsstunden am Tag. 5 Jahre lang. Und Lessing hat sogar in seiner Freizeit noch gelesen und übersetzt. Der Rektor erinnert sich:
„Er ist ein Pferd, das doppelt Futter haben muss: Die Lektionen, die anderen zu schwer werden, sind ihm kinderleicht. Wir können ihn fast nicht mehr brauchen."
Als Gotthold mit 17 Jahren die Schule frühzeitig beendet und Meißen verlässt, kann er vieles so nicht mehr hinnehmen. Vor allem seine christliche Erziehung nicht!

„Die Zeit soll lehren, ob der ein besserer Xist ist, der die Grundsätze der christlichen Lehre im Gedächtnisse und oft, ohne sie zu verstehen, im Munde hat, in die Kirche geht und alle Gebräuche mitmacht, weil sie gewöhnlich sind, oder der, der einmal klüglich gezweifelt hat und durch den Weg der Untersuchung zur Überzeugung gelangt ist. Die christliche Religion ist kein Werk, das man von seinen Eltern auf Treu und Glauben annehmen soll!"

Aus einem Gedichte
über die menschliche Glückseligkeit

Wie kommt es, daß ein Geist, der nichts als Glauben haßt,
Und nichts als Gründe liebt, den Schatten oft umfaßt,
Wenn er die Wahrheit denkt in sichern Arm zu schliessen,
Daß ihm zum Anstoß wird, was alle Kinder wissen?

Wer lehrt mich, obs an ihm, obs an der Wahrheit liegt?
Verführt er sich selbst? Ist sies, die ihn betrügt?
Vielleicht hat beides Grund, und wir sind nur erschaffen,
Anstatt die Wahrheit einzusehn, bewundernd zu begaffen.
Sie, die der Dirne gleicht, die ihre Schönheit kennt,
Und jeden an sich lockt, und doch vor jedem rennt.
Auch dem, der sie verfolgt, und fleht und schenkt und schwört,
Wird kaum ein Blick gegönnt, und wird nur halb gehört.
Verzweifelnd und verliebt wünscht sie die Welt zu sehn;
Stürzt jeden in Gefahr, um keinem beizustehn.
Ein Zweifler male sich ihr Bild in diesen Zügen!
Nein, sie betriegt uns nie! - - - Wir sinds, die uns betriegen.

...

„Nicht die Wahrheit, in deren Besitz irgendein Mensch ist oder zu sein vermeint, sondern die aufrichtige Mühe, die er angewandt hat, hinter die Wahrheit zu kommen, macht den Wert des Menschen. Denn nicht durch den Besitz, sondern durch die Nachforschung der Wahrheit erweitern sich seine Kräfte, worin allein seine immer wachsende Vollkommenheit besteht".

Den Eltern zuliebe studiert Lessing Theologie, und weil die kein Geld haben, schicken sie ihn nach Leipzig, wo die Stadt Kamenz ein Stipendium bezahlt.
Wenn seine Eltern geahnt hätten, dass sie mit dieser Entscheidung seine Karriere als Schriftsteller fördern, hätten sie ihn sicherlich nicht dorthin geschickt.
In der Messestadt Leipzig pulsiert das Leben, Lessing lernt das Theater kennen und fängt an zu dichten.
Das Theologiestudium wird zur Nebensache.

TÖNE, FROHE LEIER

Töne, frohe Leier,
Töne Lust und Wein!
Töne, sanfte Leier,
Töne Liebe drein!

Wilde Krieger singen,
Haß und Rach' und Blut
In die Laute singen,
Ist nicht Lust, ist Wut.

Zwar der Heldensänger
Sammelt Lorbeern ein;
Ihn verehrt man länger;
Lebt er länger? Nein.

Er vergräbt im Leben
Sich in Tiefsinn ein:
Um erst dann zu leben,
Wann er Staub wird sein.

Lobt sein göttlich Feuer,
Zeit und Afterzeit!
Und an meiner Leier
Lobt die Fröhlichkeit.

Lessing blüht! Er ist 18 Jahre alt und schreibt Lustspiele.
Eines seiner ersten Lustspiele heißt "Der Misogyn", der
Frauenhasser, mit dem Hauptdarsteller 'Wumshäter'.
Lessing hatte sich gerade an Shakespeare versucht und
übersetzt den "Womenhater" in das sächsische
'Wumshäter'.
Lessing ironisiert in diesem Lustspiel die Frauenhasser und
deckt Vorurteile auf. Dass er dabei öffentlich gerechter argumentiert als privat, erklärt sich wahrscheinlich aus einer
ganz natürlichen männlichen Bewusstseinsspaltung...

In einem anderen Lustspiel zeichnet er sich selbst:
„Der junge Gelehrte", der den ganzen Tag über den
Büchern hockt und altkluges Zeug von sich gibt, bis der
Vater ihm den Kopf wäscht:

„Immer über den verdammten Büchern! Mein Sohn, zuviel
ist zuviel. Das Vergnügen ist so nötig als die Arbeit. ...
Du hast tote Bücher genug gelesen; guck einmal in ein
lebendiges!"

So einen Vater hätte Lessing sich gewünscht! In einer
weiteren Szene unterhält sich der junge Gelehrte Damis mit
seinem Diener Anton.

Damis: ... Was geht uns Gelehrte, Sachsen, was Deutschland, was Europa an? Ein Gelehrter wie ich bin, ist für die
ganze Welt: Er ist ein Kosmopolit: er ist eine Sonne, die
den ganzen Erdball erleuchten muß --

Anton: Aber sie muß doch wo liegen, die Republik der
Gelehrten.

Damis: Wo liegen? dummer Teufel! die gelehrte Republik ist überall.

Anton: Überall? Und also ist sie mit der Republik der Narren an einem Orte? Die, hat man mir gesagt, ist auch überall!

„Der junge Gelehrte" wird 1748 mit großem Erfolg aufgeführt. Einige sehr empfehlenswerte Lustspiele, die in meiner Schulzeit leider nicht vorgekommen sind, möchte ich Ihnen ans Herz legen:

- Damon, oder die wahre Freundschaft
- Die alte Jungfer
- Der Freigeist
- Die Juden
- Der Schatz

Als seine Eltern von diesen Lustspielen und von seinem Umgang erfahren, lügen sie ihm vor, die Mutter sei schwer erkrankt. Lessing macht sich sofort auf den Heimweg und ist bitter enttäuscht. Es kommt sogar zum Bruch! Folgenden Brief richtet er an seine Mutter:

(Jahre später schreibt Lessing: Der Name 'Mutter' ist süß; aber 'Frau Mutter' ist wahrer Honig mit Zitronensaft.)

„Frau Mutter, ich komme jung von Schulen, in der gewissen Überzeugung, daß mein ganzes Glück in den Büchern bestehe. Ich komme nach Leipzig, an einen Ort, wo man die ganze Welt im Kleinen sehen kann, und lebte die ersten Monate so eingezogen, als ich in Meißen nicht gelebt hatte. Stets bei den Büchern, nur mit mir selbst beschäftigt, dachte ich ebenso selten an die übrigen Menschen als vielleicht an Gott. Doch es dauerte nicht lange, so gingen mir die Augen auf. Soll ich sagen zu meinem Glücke oder zu meinem Unglücke? Die künftige Zeit wird es entscheiden. Ich lernte einsehen, die Bücher würden mich wohl gelehrt, aber nimmermehr zu einem Menschen machen. Ich wagte mich von meiner Stube unter Meinesgleichen. Guter Gott! Was für eine Ungleichheit wurde ich zwischen mir und den anderen gewahr. Eine bäuerische Schüchternheit, ein ungebauter Körper, eine gänzliche Unwissenheit in Sitten und Umgang. Ich empfand eine Scham, die ich niemals empfunden hatte. Ich faßte den Entschluß, mich zu bessern. Koste es, was es wolle! Ich lernte Tanzen, Fechten, Voltigieren. Ich legte die ernsthaften Bücher eine zeitlang auf die Seite, um mich in denjenigen umzusehen, die weit angenehmer und vielleicht ebenso nützlich sind. Die Komödien kamen mir zuerst in die Hand. Mir haben sie sehr große Dienste getan. Ich lernte wahre und falsche Tugenden daraus kennen. Ich lernte mich selbst kennen, und seit der Zeit habe ich gewiß über niemanden mehr ge-lacht und gespottet als über mich selbst. Ich wagte es sogar, Komödien zu schreiben, und als sie aufgeführt wurden, wollte man mir versichern, daß ich nicht unglücklich darin wäre. Man muß mich nur in einer Sache loben, wenn man haben will, daß ich sie mit größerem Ernste treiben soll. Ich sann daher Tag und Nacht, wie ich in einer Sache eine Stärke zeigen möchte, in der, wie ich glaube, sich noch kein Deutscher allzusehr hervorgetan hat.

Aber plötzlich ward ich durch Ihren Befehl nach Hause zu kommen gestört. Was da vorgegangen ist, wissen Sie noch allzu gut."

Lessing schmeißt sein Studium und zieht nach Wittenberg. Natürlich liegt es nahe zu glauben, er hätte Leipzig aus Trotz verlassen. Nein, er flieht vor seinen Gläubigern. Der Student Lessing hatte sich Geld geliehen, um es an schöne Schauspielerinnen weiterzuverleihen. Aber die waren dann plötzlich weg.
In Wittenberg wird Lessing Medizin studieren.

Der Tod

Gestern, Brüder, könnt ihrs glauben?
Gestern bei dem Saft der Trauben,
(Bildet euch mein Schrecken ein!)
Kam der Tod zu mir herein.

Drohend schwang er seine Hippe,
Drohend sprach das Furchtgerippe:
Fort, du teurer Bacchusknecht!
Fort, du hast genug gezecht!

Lieber Tod, sprach ich mit Tränen,
Solltest du nach mir dich sehnen?
Sieh, da stehet Wein für dich!
Lieber Tod verschone mich!

Lächelnd greift er nach dem Glase;
Lächelnd macht ers auf der Base,
Auf der Pest, Gesundheit leer;
Lächelnd setzt ers wieder her.

Fröhlich glaub' ich mich befreiet,
Als er schnell sein Drohn erneuet.
Narre, für dein Gläschen Wein
Denkst du, spricht er, los zu sein?

Tod, bat ich, ich möcht' auf Erden
Gern ein Mediziner werden.
Laß mich: ich verspreche dir
Meine Kranken halb dafür.

Gut, wenn das ist, magst du leben:
Ruft er. Nur sei mir ergeben.
Lebe, bis du satt geküßt,
Und des Trinkens müde bist.

Oh! wie schön klingt dies den Ohren!
Tod, du hast mich neu geboren.
Dieses Glas voll Rebensaft,
Tod, auf gute Brüderschaft!

Ewig muß ich also leben,
Ewig! denn beim Gott der Reben!
Ewig soll mich Lieb' und Wein,
Ewig Wein und Lieb' erfreun!

Gotthold schmeißt das Medizinstudium und zieht nach Berlin, um Schriftsteller zu werden. Tatsächlich gehört Lessing bald zu den ersten freien Schriftstellern auf dem gerade erst enstehenden literarischen Markt.

Klopstock, Wieland und Lessing sind die ersten freien Schriftsteller, die mit ihren Büchern Geld verdienen.
Mitte des 18. Jahrhunderts konnten gerade einmal 10% der Bevölkerung lesen, 1% interessierte sich für schöne Literatur. Heute können fast alle lesen, aber es ist immer noch 1%! Ein Lesepublikum, wie wir es heute kennen, musste erst noch geschaffen werden. Leicht verdauliche Wochenschriften wie „Der Biedermann", „Der Patriot" und „Die vernünftigen Tadlerinnen" sollten den Markt anregen.
Lessing arbeitet für die 'Berlinisch privilegierte Zeitung', für die später auch Kurt Tucholsky schreiben sollte, und ruft ebenfalls eine Wochenzeitschrift ins Leben:
„Das Neueste aus dem Reiche des Witzes".
Dieses Wochenmagazin war konkurrenzlos, denn bis dahin hatte es so etwas noch nicht gegeben!

Ganz kurz ein paar Worte zu Berlin.
Im Gegensatz zur weltoffenen Metropole Leipzig ist Berlin eine junge Stadt, die gerade erst auf dem Reißbrett entworfen wurde. Der alte Fritz regiert Berlin. Er ist Atheist, bewundert die französischen Aufklärer, verspottet die deutsche Kultur und holt sich Voltaire an seinen Hof. Friedrich der Große nennt sich heuchlerisch „den ersten Diener seines Staates" und lässt sein Volk wissen, dass jeder in seinem Land nach seiner eigenen Façon selig werden könne.

Das schlimmste Tier

Wie heißt das schlimmste Tier mit Namen?
So fragt ein König einen weisen Mann.
Der Weise sprach: Von Wilden heißts Tyrann,
Und Schmeichler von den Zahmen.

„Die Berliner Freiheit reduziert sich einzig und allein auf die Freiheit, gegen die Religion so viele Frechheiten zu Markte zu tragen, als man will. Lassen sie es aber doch mal einen in Berlin versuchen, über andere Dinge so frei zu schreiben. Lassen sie es ihn versuchen, dem vornehmen Hofpöbel die Wahrheit zu sagen. Lassen sie einen in Berlin auftreten, der für die Rechte der Untertanen, der gegen Aussaugung und Despotismus seine Stimme erheben wollte, wie es jetzt in Frankreich und Dänemark geschieht. Und sie werden bald die Erfahrung machen, welches Land, bis auf den heutigen Tag, das sklavischste Land in Europa ist!"

Solche Zeilen kann Lessing nicht veröffentlichen - das war ein Brief. Lessing veröffentlicht weiterhin für die 'Berlinisch privilegierte Zeitung', und mit 22 Jahren schreibt er seinen ersten Gedichtband „Kleinigkeiten".

Das böse Weib

Ein einzig böses Weib lebt höchstens in der Welt:
Nur schlimm, daß jeder seins für dieses einzge hält.

Das Muster der Ehen

Ein rares Beispiel will ich singen,
Wobei die Welt erstaunen wird.
Daß alle Ehen Zwietracht bringen,
Glaubt jeder, aber jeder irrt.

Ich sah das Muster aller Ehen,
Still, wie die stillste Sommernacht.
Oh! daß sie keiner möge sehen,
Der mich zum frechen Lügner macht!

Und gleichwohl war die Frau kein Engel,
Und der Gemahl kein Heiliger;
Es hatte jeder seine Mängel.
Denn niemand ist von allen leer.

Doch sollte mich ein Spötter fragen,
Wie diese Wunder möglich sind?
Der lasse sich zur Antwort sagen:
Der Mann war taub, die Frau war blind.

Gotthold setzt sein Studium fort und promoviert im April 1752 zum Magister der „Sieben freien Künste". Und dann genießt der 23-Jährige, feiert, treibt sich rum, und wenn er darüber schreibt, ist das Mitte des 18. Jahrhunderts eine erotische Sensation!

„Man sagt, Horaz habe seine Buhlerinnen in einem Spiegelzimmer genossen, um auf allen Seiten, wo er hingesehen, die wollüstige Abbildung seines Glücks anzutreffen. - Weiter nichts? Wo steckt denn die Unmäßigkeit? Ich sehe nichts darin, als ein Bestreben, sich die Wollust so reizend als möglich zu machen."

In einem 4-Zeiler beschreibt Lessing die Buhlerin:

„Die schlaue Dorilis hat Augen in dem Kopfe,
So hat ein Luchs sie nicht;
Man denkt, sie sieht uns ins Gesicht,
Und sie sieht nach dem Hosenknopfe."

„Haben Sie Lessings Schriften gelesen?", schreibt der Dichter Ludwig Gleim an einen Freund, „er geht dem Witz nach, fällt ins Niedrige, ins Pöbelhafte, wie z.B. das Epigramm, worin der Hosenknopf vorkommt. Dergleichen lernt man in verdächtigen Häusern und man verrät sich, daß man sie besucht hat."

Der Genuß

So bringst du mich um meine Liebe,
Unseliger Genuß? Betrübter Tag für mich!
Sie zu verlieren, – meine Liebe, –
Sie zu verlieren, wünscht' ich dich?
Nimm sie, den Wunsch so mancher Lieder,
Nimm sie zurück, die kurze Lust!
Nimm sie, und gib der öden Brust,
Der ewig öden Brust, die beßre Liebe wieder!

Lessing sucht die bessere Liebe und findet sie in einem Theaterstück: „Miß Sara Sampson". Heute gilt dieses Theaterstück als erstes bürgerliches Trauerspiel in Deutschland.

Ganz kurz zum Inhalt:
Es gibt einen genusssüchtigen Lebemann, Mellefont, und eine tugendhafte Sara, die heiraten will. Also verspricht Mellefont ihr die Heirat, jedoch nicht sofort. Die beiden müssen erst fliehen, kommen aber nur bis ins nächste Gasthaus. Dort wollen sie sich lieben. Für Sara geht das nur mit der Einwilligung des Himmels: der Ehe. Für Mellefont geht das auch ohne diese. Sara leidet. Dann erscheint die Ex-Geliebte im Gasthaus.

Im Grunde also eine ganz normale Geschichte, wie sie heute in Filmen oder Serien vorkommt. Aber damals war das neu! Keine Könige, keine Hofdamen, keine Intrigen. Alles ganz bürgerlich. Das Publikum findet sich wieder und kann sich identifizieren. Laut Zeitungskritik sitzen die Menschen weinend im Theater.
Wenn man jetzt noch weiß, wie das Stück enstanden ist: Eine Wette! Lessing hatte gewettet, dass er in nur 6 Wochen ein Stück schreiben kann, das die Menschen zum Weinen bringt. Die Wette hat er gewonnen und er hat seinen Weg gefunden, sein Publikum zu erreichen, Licht ins Dunkel zu bringen - aufzuklären, denn das war sein Anliegen. Das Publikum sollte lernen „Ich" zu sagen und es sollte Verantwortung übernehmen und aufhören, das Leben als schicksalhaft hinzunehmen. Zwei Mittel hat Lessing gefunden, sein Publikum zu bewegen: Mitleid und Humor.

Der über uns

Hans Steffen stieg bei Dämmerung (und kaum
konnt' er vor Näschigkeit die Dämmerung erwarten)
in seines Edelmannes Garten
und plünderte den besten Apfelbaum.

Johann und Hanne konnten kaum
vor Liebesglut die Dämmerung erwarten
und schlichen sich in eben diesen Garten
von ungefähr an eben diesen Apfelbaum.

Hans Steffen, der im Winkel oben saß
und fleißig brach und aß,
ward mäuschenstill, vor Wartung böser Dinge,
daß seine Näscherei ihm diesmal schlecht gelinge.
Doch bald vernahm er unten Dinge,
worüber er der Furcht vergaß
und immer sachte weiter aß.

Johann warf Hannen in das Gras.
„O pfui:", rief Hanne, "welcher Spaß!
Nicht doch, Johann! - Ei was?
O, schäme dich! - Ein andermal - o laß -
O, schäme dich! Hier ist es naß." - -
"Naß, oder nicht; was schadet das?
Es ist ja reines Gras." -

Wie dies Gespräche weiter lief,
das weiß ich nicht. Wer braucht's zu wissen?
Sie stunden wieder auf, und Hanne seufzte tief:
„So, schöner Herr! Heißt das bloß küssen?
Das Männerherz! Kein einz'ger hat Gewissen!
Sie könnten es uns so versüßen!
Wie grausam aber müssen
wir armen Mädchen öfters dafür büßen!
Wenn nun auch mir ein Unglück widerfährt! -
Ein Kind - ich zittre - wer ernährt
mir dann das Kind? Kannst du es mir ernähren?"
„Ich?", sprach Johann, "die Zeit mag's lehren.
Doch wird's auch nicht von mir ernährt,
der über uns wird's schon ernähren;
dem über uns vertrau!"

‚Dem über uns!' Dies hörte Steffen.
Was, dacht' er, will das Pack mich äffen?
Der über Ihnen? Ei, wie schlau!
„Nein!", schrie er, "laßt euch andre Hoffnung laben!
Der über euch ist nicht so toll!
Wenn ich ein Bankbein nähren soll:
so will ich es auch selbst gedrechselt haben!"

Wer hier erschrak und aus dem Garten rann,
das waren Hanne und Johann.
Doch gaben bei dem Edelmann
sie auch den Äpfeldieb wohl an?
Ich glaube nicht, daß sie's getan.

Der philosophische Trinker

Mein Freund, der Narr vom philosophschen Orden,
Hat sich bekehrt, und ist ein Trinker worden.
Er zecht mit mir und meinen Brüdern,
Und fühlet schon in unsern Liedern
Mehr Weisheit, Witz und Kraft,
Als Jacob Böhm und Newton schafft.
Doch bringt er seine spitzgen Fragen,
Die minder als sie sagen, sagen,
Noch dann und wann hervor,
Und plagt mit Schlüssen unser Ohr.
Jüngst fragt er mich am vollen Tische,
Warum wohl in der Welt der Fische,
In Flüssen und im Meer,
Nicht Wein statt Wassers wär?
Ohn Ursach, sprach er, kann nichts sein.
Die Antwort fiel mir schwer;
Ich dachte hin und her,
Doch endlich fiel mirs ein.
»Die Ursach ist leicht zu erdenken«,
Sprach ich mit aufgestemmtem Arm.
Und welche? schrie der ganze Schwarm.
»Damit, wenn Esel davon tränken,
Die Esel, nur verdammt zu Bürden,
Nicht klüger als die Menschen würden.«
Die Antwort, schrie man, läßt sich hören.
Drum trinket eins der Weltweisheit zu Ehren!

Wir sind im Jahr 1753, Lessing ist 24 Jahre alt und veröffentlicht den ersten Band seiner 6-teiligen Gesamtausgabe. Außerdem unternimmt er eine Europareise, die ihn nur bis nach Holland führt. Der 7-jährige Krieg hatte seine Reise vorzeitig beendet.
Zurück in Berlin macht er die Bekanntschaft mit Friedrich Nicolai und Moses Mendelssohn, dem jüdischen Philosophen, der später als Nathan wieder auftauchen wird.

„Diese drei eng verbundenen Freunde", schreibt Nicolai, „welche wöchentlich wenigstens zwei oder drei Mal zusammenkommen, sind sich darin gleich, daß sie in der gelehrten Welt keinen Stand, keine Absichten, keine Verbindungen, keine Aussichten und selbst in der bürgerlichen Welt ohne alle Verbindung oder Bedeutung sind. Moses und Nicolai sind junge Kaufleute ohne eigene Haushaltung, Lessing hat zwar auf Universitäten studiert, aber gar nicht auf die gewöhnliche Art und hat auch in Berlin keine andere Absicht, als seine Wissbegierde zu befriedigen. Ihre Studien haben nichts als die bloße Erweiterung ihrer Kenntnisse und die Schärfung ihrer Urteilskraft zum Zwecke. Desto weniger gilt bei ihnen Rücksicht, Vorurteil und Autorität!"

Der größte Mann

Laßt uns den Priester Orgon fragen:
Wer ist der größte Mann?
Mit stolzen Mienen wird er sagen:
Wer sich zum kleinsten machen kann.

Laßt uns den Dichter Kriton hören:
Wer ist der größte Mann?
Er wird es uns in Versen schwören:
Wer ohne Mühe reimen kann.

Laßt uns den Hofmann Damis fragen:
Wer ist der größte Mann?
Er bückt sich lächelnd; das will sagen:
Wer lächeln und sich bücken kann.

Wollt ihr vom Philosophen wissen,
Wer ist der größte Mann?
Aus dunkeln Reden müßt ihr schließen:
Wer ihn verstehn und grübeln kann.

Was darf ich jeden Toren fragen:
Wer ist der größte Mann?
Ihr seht, die Toren alle sagen:
Wer mir am nächsten kommen kann.

Wollt ihr den klügsten Toren fragen:
Wer ist der größte Mann?
So fraget mich; ich will euch sagen:
Wer trunken sie verlachen kann.

Mendelssohn, Nicolai und Lessing verlegen eine Bestandsaufnahme der deutschen Literatur mit dem Titel: „Briefe, die neueste Literatur betreffend", in denen Lessing sich einen Namen als Kritiker macht; als erster Kunstrichter Deutschlands.
Heinrich Heine, der Lessing als seinen Lieblingsdichter bezeichnet hat, schreibt fast 100 Jahre später:

"Kein Kopf war vor ihm sicher. Ja, manchen Schädel hat er sogar aus Übermut heruntergeschlagen, und dann war er dabei noch so boshaft, ihn vom Boden aufzuheben und dem Publikum zu zeigen, daß er inwendig hohl war."

Aber plötzlich, völlig überraschend für die Berliner Freunde, verlässt der 31-Jährige Berlin, zieht nach Polen, genauer gesagt nach Breslau, und wird Sekretär des preußischen Generals Tauentzien. Grund für diese Veränderung ist seine katastrophale finanzielle Situation!

„Nach dem 30. Jahre muß man nicht bloß den Kopf, sondern auch den Beutel füllen."

Seine Amtsgeschäfte, unter anderem die Korrespondenz mit Friedrich dem Großen, bescheren ihm mehr Geld als er ausgeben kann, wobei fraglich bleibt, ob Lessing hemdsärmelig genug war, sich an den verbrecherischen Münzumschmelzungen zu beteiligen.
Fest steht, dass Friedrich der Große im großen Stil Geld eingeschmolzen und mit Kupfer gestreckt hat. Fest steht auch, dass Lessing als Gouverneurssekretär Bescheid wusste und dass Lessing zu dieser Zeit eine 6000-bändige Privatbibliothek aufbaute!

Dass Lessing ausgerechnet zu dieser Zeit ein Lustspiel schreibt, in dem der Soldat Major von Tellheim Kriegsschulden aus eigener Tasche bezahlt, ist wahrscheinlich seinem schlechten Gewissen geschuldet.
"Minna von Barnhelm", heißt dieses Lustspiel. Der vollständige Titel lautet: "Minna von Barnhelm oder das Soldatenglück", obwohl Lessings Breslauer Zeit alles andere als glücklich ist.

„Ich habe von der Liebe des Vaterlandes keinen Begriff und sie scheint mir aufs höchste eine heroische Schwachheit, die ich recht gerne entbehre!"

„Ach, bester Freund", schreibt Lessing an Moses Mendelssohn, „Ihr Lessing ist verloren. In Jahr und Tag werden Sie ihn nicht mehr erkennen. Er sich selbst nicht mehr!"

Der preußische Militärmief, die Offiziercasinos, die Freudenhäuser und das Glücksspiel hatten Lessing verändert. Der Dichter war den Karten verfallen. Pharo hieß das Kartenspiel, von dem er nicht mehr loskam und bei dem sich der Gewinn, aber auch der Verlust bis zu 15 mal verdoppeln ließ. Haus und Hof hat Lessing an wenigen Abenden verspielt. "Alles oder Nichts", das war sein Motto. Im Werk wie im Leben - und gesoffen hat er natürlich auch. „Nach einem kurzen Theaterbesuch", schreibt ein Breslauer Freund, „ist er in die Spielgesellschaft gegangen, von wo er spät nach Hause zurückkehrte und den anderen Tag nicht vor 8 oder 9 Uhr aufstand." Manchmal habe man ihn sogar gegen 10 noch im Bett vorgefunden.

Die drei Reiche der Natur

Ich trink', und trinkend fällt mir bei,
Warum Naturreich dreifach sei.
Die Tier' und Menschen trinken, lieben,
Ein jegliches nach seinen Trieben:
Delphin und Adler, Floh und Hund
Empfindet Lieb', und netzt den Mund.
Was also trinkt und lieben kann,
Wird in das erste Reich getan.

Die Pflanze macht das zweite Reich,
Dem ersten nicht an Güte gleich:
Sie liebet nicht, doch kann sie trinken;
Wenn Wolken träufelnd niedersinken,
So trinkt die Zeder und der Klee,
Der Weinstock und die Aloe.
Drum, was nicht liebt, doch trinken kann,
Wird in das zweite Reich getan.

Das Steinreich macht das dritte Reich;
Und hier sind Sand und Demant gleich:
Kein Stein fühlt Durst und zarte Triebe,
Er wächset ohne Trunk und Liebe.
Drum, was nicht liebt noch trinken kann,
Wird in das letzte Reich getan.
Denn ohne Lieb' und ohne Wein,
Sprich, Mensch, was bleibst du noch? – – Ein Stein.

"Das Steinreich macht das dritte Reich", Lessing hat es geahnt!
Als er sich von Breslau löst, ist der Krieg längst vorbei, er kehrt nach Berlin zurück und nimmt seine Arbeit als Kritiker wieder auf.
Mittlerweile hat er sich ein Pseudonym zugelegt: 'FLL' - es steht für 'Flegel' oder 'Flagellum': die Peitsche!
Lessings Kritiken sind immer noch präzise und gnadenlos! So soll es ja auch sein, aber damals war einfach noch kein Geld damit zu verdienen. Lessing folgt einer Einladung nach Hamburg, um sich an der geplanten Gründung eines Nationaltheaters zu beteiligen. Im April 1767 übernimmt der 38-jährige Lessing sogar die Leitung des neu gegründeten Nationaltheaters am Gänsemarkt in Hamburg.

„Das Publikum komme und sehe und höre und prüfe und richte. Seine Stimme soll nie geringschätzig gehört, sein Urteil nie ohne Unterwerfung vernommen werden. Nur, daß sich nicht jeder kleine Kritikaster für das Publikum halte. Nicht jeder Liebhaber ist Kenner. Nicht jeder, der die Schönheiten eines Stückes empfindet, kann darum auch den Wert aller anderen schätzen. Man hat keinen Geschmack, wenn man nur einen einseitigen Geschmack hat. Der wahre Geschmack ist der allgemeine, der sich über Schönheiten von jeder Art verbreitet, aber von keiner mehr Vergnügen und Entzücken erwartet, als sie nach ihrer Art gewähren kann. Heute geschieht die Eröffnung der Bühne. Sie wird viel entscheiden!"

Aber Hamburg ist noch nicht bereit für ein Nationaltheater. Lessing schreibt:

„Schon am 4. Abend mußte man das abgeschaffte Ballett wieder einführen und sich bald zu noch bedenklicheren Konzessionen an den Schaupöbel entschließen. Trotzdem lief dieser lieber dem Zirkus zu und die Schar wirklicher Theaterfreunde war noch viel zu klein, um das Unternehmen „Nationaltheater" zu tragen."

Deutschland ist ja auch noch keine Nation. Lessing war mit seiner Idee eines Nationaltheaters 150 Jahre zu früh. Das DNT ensteht erst 1919 in Weimar.
Bis dahin galt für das Barockheater die Einhaltung der „Drei Aristotelischen Einheiten": Handlung, Ort und Zeit. Furcht war die wesentliche Wirkung! Lessing verkündete aus Hamburg, man habe Aristoteles falsch verstanden. Die „Furcht des Aristoteles müße in Wahrheit als mitfühlende Angst, das, was auf der Bühne geschieht, könne auch einem selbst widerfahren, interpretiert werden. „Wenn wir mit Königen Mitleid haben, so haben wir es mit ihnen als Menschen und nicht als Königen."

Könige als Mitmenschen zu bezeichnen war neu! Die verwickelten Episoden und romanhaften Wendungen des Barocktheaters wirkten dagegen wie vom Mond.

Die Einwohner des Mondes

Die Mägdchen, die in sechzehn Jahren,
Noch nicht das leckre Glück erfahren,
Wozu sie ihre Mütter sparen;
Das Stutzerchen, das was gelernt;
Das Weib, das nie sich aus den Schranken
Der ehelichen Pflicht entfernt,
Und um den Mann die Welt vergißt;
Der Bettler, der bei dem Bedanken
So höflich wie beim Bitten ist;
Der Dichter, welcher nie gelogen,
Dem stets der Reim, und niemals er,
Dem lieben Reime nachgezogen;
Der Pfaffe, der stolz auf sein Amt,
Um Kleinigkeiten nicht verdammt,
Und weiß durch Taten zu ermahnen;
Der Edle, der von seinen Ahnen,
In unzertrennter Ordnung stammt,
Ohn daß ein wackrer Bauerknecht
Nicht oft das Heldenblut geschwächt;
Ein Arzt, der keinen tot gemacht;
Der Krieger, der mehr kämpft als fluchet;
Der Hagestolz, der in der Nacht,
Was er am Tage flieht, nicht suchet;
Das fromme Weib, das nie geschmält;
Der reiche Greis, dem nichts gefehlt;
Und hundert andre schöne Sachen,
Die unsern Zeiten Ehre machen:
Wo trifft man die? – – Vielleicht im Mond,
Wo jedes Hirngespinste wohnt.

Das „Deutsche Nationaltheater" scheitert, aber Lessing hat schon wieder ein neues Projekt, von dem er nichts versteht. Er gründet einen Verlag, obwohl er genauso wenig Verleger wie vorher Theaterleiter ist.
Allerdings ist das, was inhaltlich dabei herauskommt, phänomenal: Die „Hamburgische Dramaturgie"
Theaterkritiken, Gedanken, Ideen, Vorschläge und Regeln zur Schauspielkunst.

„Es versteht sich von selbst, daß die moralischen Stellen vorzüglich wohl gelernt sein wollen. Sie müssen ohne Stocken, ohne den geringsten Anstoß, in einem ununterbrochenen Fluß der Worte, mit einer Leichtigkeit gesprochen werden, daß sie keine mühsame Auskramung des Gedächtnisses, sondern unmittelbare Eingebungen der gegenwärtigen Lage scheinen. Der Schauspieler muß uns durch den richtigsten, sichersten Ton überzeugen, daß er den ganzen Sinn seiner Worte durchdrungen habe. --- Aber die richtige Accentuation ist zur Not auch einem Papagei beizubringen. Wie weit ist der Akteur, der eine Stelle nur versteht, noch von dem entfernt, sie zu empfinden. Die Seele muß ganz gegenwärtig sein. Sie muß ihre Aufmerksamkeit einzig und allein auf ihre Reden richten."

Diese „Hamburgische Dramaturgie" wird zum Grundstein unserer heutigen Theaterdramaturgie.
Auch der Verlag scheitert. Lessing verliert sein gesamtes Breslauer Vermögen sowie seine 6000-bändige Bibliothek, und am Ende steht er sogar noch mit Schulden da.

„Wo aber Gefahr ist, wächst das Rettende auch", schreibt Friedrich Hölderlin, denn ohne Geld kann Lessing nicht spielen und auch sonst keinen Vergnügungen nachgehen. Er muss eine Zwangspause einlegen. Ganz untätig ist er dabei nicht. Er widmet diesem Zustand ein Loblied. Das heißt, er versucht es:

LOB DER FAULHEIT

Faulheit, itzo will ich dir
Auch ein kleines Loblied bringen. -
O – – wie – – sau – – er – – wird es mir, – –
Dich – – nach Würden – – zu besingen!
Doch, ich will mein Bestes tun,
Nach der Arbeit ist gut ruhn.

Höchstes Gut! wer dich nur hat,
Dessen ungestörtes Leben – –
Ach! – – ich – – gähn' – – ich – – werde matt – –
Nun – – so – – magst du – – mirs vergeben,
Daß ich dich nicht singen kann;
Du verhinderst mich ja dran.

Und dann, geplagt von Schulden und gescheiterten Projekten, trifft Lessing im April 1767 die Liebe seines Lebens.

Die schlafende Laura

Nachlässig hingestreckt,
Die Brust mit Flor bedeckt,
Der jedem Lüftchen wich,
Das säuselnd ihn durchstrich,
Ließ unter jenen Linden
Mein Glück mich Lauren finden.
Sie schlief und weit und breit
Schlug jede Blum' ihr Haupt zur Erden,
Aus mißvergnügter Traurigkeit,
Von Lauren nicht gesehn zu werden.
Sie schlief, und weit und breit
Erschallten keine Nachtigallen,
Aus weiser Furchtsamkeit,
Ihr minder zu gefallen,
Als ihr der Schlaf gefiel,
Als ihr der Traum gefiel,
Den sie vielleicht itzt träumte,
Von dem, ich hoff' es, träumte,
Der staunend bei ihr stand,
Und viel zu viel empfand,
Um deutlich zu empfinden,
Um noch es zu empfinden,
Wie viel er da empfand.
Ich ließ mich sanfte nieder,
Ich segnete, ich küßte sie,
Ich segnete, und küßte wieder:
Und schnell erwachte sie,
Schnell taten sich die Augen auf.
Die Augen? – nein, der Himmel tat sich auf.

Lessings Laura heißt eigentlich Eva König, ist die Frau eines hamburger Kaufmanns, der mit Lessing befreundet ist und ihn darum bittet, sich seiner Familie anzunehmen, falls ihm auf Reisen etwas zustoßen sollte. Tatsächlich stirbt Engelbert König auf einer Geschäftsreise.
Eva und Gotthold kommen sich näher, soweit die Umstände das zulassen. Eva König ist eine emanzipierte Frau, die die Geschäfte ihres Mannes weiterführt.

Lessing sucht weiterhin nach einem festen Einkommen und unterzeichnet einen Vertrag, der ihn zum Chef der größten Bibliothek Europas macht: Der Herzog August Bibliothek in Wolfenbüttel bei Braunschweig. Das Jahresgehalt von 600 Talern ist nicht gerade üppig, aber es reicht, um Eva König einen Heiratsantrag zu machen. Allerdings braucht Lessing dann noch 6 Jahre, um einen Termin zu finden. So lange lebt er alleine in Wolfenbüttel.

In dieser Zeit entsteht "Emilia Galotti", auch schon zu Lessings Lebzeiten eines der berühmtesten Trauerspiele. Der Schlussakt löst bis heute lebhafte Diskussionen aus: Emilia bittet ihren Vater sie zu erdolchen, weil sie fürchtet, den erotischen Avancen ihres Entführers zu erliegen.
„Eine Rose gebrochen, ehe der Sturm sie entblättert."

Aber zurück zu Eva König, die von ihrem zukünftigen Mann immer wieder vertröstet wird: Er müsse die Bibliothek vergrößern, neue Bücher anschaffen, auf Reisen gehen. Als die beiden sich dann am 8. Oktober 1776 in Jork bei Hamburg das Ja-Wort geben, hat Lessing weder Freunde eingeladen noch einen ordentlichen Anzug besorgt. Für Eva König eine Lappalie, die sie nur lächeln lässt.

Eva König zieht mit ihren vier Kindern nach Wolfenbüttel und bringt am 25. Dezember 1777 den gemeinsamen Sohn Traugott zur Welt, der nur 24 Stunden lebt.

„Meine Freude war nur kurz: und ich verlor ihn so ungern, diesen Sohn! Denn er hatte so viel Verstand! So viel Verstand! War es nicht Verstand, daß man ihn mit eisernen Zangen auf die Welt ziehen mußte? Daß er so bald Unrat merkte? War es nicht Verstand, daß er die erste Gelegenheit ergriff, sich wieder davon zu machen? Ich wollte es auch einmal so gut haben wie andere Menschen. Aber es ist mir schlecht bekommen."

Es sollte noch schlimmer kommen:
Zwei Wochen später stirbt Eva Lessing am Kindbettfieber.

„Meine Frau ist tot. Und diese Erfahrung habe ich nun auch gemacht. Ich freue mich, daß mir viel dergleichen Erfahrungen nicht übrig sind und bin ganz leicht."

In den 3 Jahren bis zu seinem Tod lebt Lessing weiter in Wolfenbüttel, betreut wird der immer kränker werdende Dichter von Evas Tochter Amalia, die nicht mehr von seiner Seite weichen wird. Auch nicht, als Lessing das „Fragment eines Ungenannten" veröffentlicht, das einen ungeheuren öffentlichen Streit auslöst. Der Verfasser stellt in diesem Fragment die höchst brisante Frage, ob die Bibel wirklich das Wort Gottes sei?

Die orthodoxen Christen schäumen vor Wut. Allen voran der hamburger Hauptpastor Johann Melchior Goeze, der Lessing als Antichrist und Staatsfeind dämonisiert.

Der anschließende Streit gipfelt in der theologisch-politischen Auseinandersetzung, die am Beginn unseres sekularen Zeitalters steht. Aber Lessing erinnert den Hauptpastor daran, dass die Gültigkeit einer Religion darin zu sehen ist, in welchem Maß sie in der Lage ist, Liebe zu stiften.
Als sich dann die Zensur gegen Lessing richtet, besinnt er sich auf seine alte Kanzel - das Theater.
Lessing schreibt sein letztes Plädoyer für Menschlichkeit und Toleranz:

„Nathan der Weise" mit der Ringparabel.

Die drei Ringe

Vor grauen Jahren lebt' ein Mann in Osten,
Der einen Ring von unschätzbarem Wert'
Aus lieber Hand besaß. Der Stein war ein
Opal, der hundert schöne Farben spielte,
Und hatte die geheime Kraft, vor Gott
Und Menschen angenehm zu machen, wer
In dieser Zuversicht ihn trug. Was Wunder,
Daß ihn der Mann in Osten darum nie
Vom Finger ließ; und die Verfügung traf,
Auf ewig ihn bei seinem Hause zu
Erhalten? Nämlich so. Er ließ den Ring
Von seinen Söhnen dem geliebtesten;
Und setzte fest, daß dieser wiederum
Den Ring von seinen Söhnen dem vermache,
Der ihm der liebste sei; und stets der liebste,
Ohn' Ansehn der Geburt, in Kraft allein
Des Rings, das Haupt, der Fürst des Hauses werde. -
So kam nun dieser Ring, von Sohn zu Sohn,
Auf einen Vater endlich von drei Söhnen;
Die alle drei ihm gleich gehorsam waren,
Die alle drei er folglich gleich zu lieben
Sich nicht entbrechen konnte. Nur von Zeit
Zu Zeit schien ihm bald der, bald dieser, bald
Der dritte, - sowie jeder sich mit ihm
Allein befand, und sein ergießend Herz
Die andern zwei nicht teilten, - würdiger
Des Ringes; den er denn auch einem jeden
Die fromme Schwachheit hatte, zu versprechen.
Das ging nun so, solang es ging. - Allein
Es kam zum Sterben, und der gute Vater
Kömmt in Verlegenheit. Es schmerzt ihn, zwei

Von seinen Söhnen, die sich auf sein Wort en, so zu kränken. - Was zu tun? -
Er sendet in geheim zu einem Künstler,
Bei dem er, nach dem Muster seines Ringes,
Zwei andere bestellt, und weder Kosten
Noch Mühe sparen heißt, sie jenem gleich,
Vollkommen gleich zu machen. Das gelingt
Dem Künstler. Da er ihm die Ringe bringt,
Kann selbst der Vater seinen Musterring
Nicht unterscheiden. Froh und freudig ruft
Er seine Söhne, jeden ins besondre;
Gibt jedem ins besondre seinen Segen, -
Und seinen Ring, - und stirbt.
Kaum war der Vater tot, so kömmt ein jeder
Mit seinem Ring, und jeder will der Fürst
Des Hauses sein. Man untersucht, man zankt,
Man klagt. Umsonst; der rechte Ring war nicht erweislich;
Fast so unerweislich, als
Uns itzt - der rechte Glaube.
Die Söhne verklagten sich; und jeder schwur dem Richter,
Unmittelbar aus seines Vaters Hand
Den Ring zu haben. - Wie auch wahr! - Nachdem
Er von ihm lange das Versprechen schon
Gehabt, des Ringes Vorrecht einmal zu
Genießen. - Wie nicht minder wahr! - Der Vater,
Beteu'rt jeder, könne gegen ihn
Nicht falsch gewesen sein; und eh' er dieses
Von ihm, von einem solchen lieben Vater,
Argwohnen lass': eh' müss' er seine Brüder,
So gern er sonst von ihnen nur das Beste
Bereit zu glauben sei, des falschen Spiels
Bezeihen; und er wolle die Verräter
Schon auszufinden wissen; sich schon rächen.

Der Richter sprach: Wenn ihr mir nun den Vater
Nicht bald zur Stelle schafft, so weis' ich euch
Von meinem Stuhle. Denkt ihr, daß ich Rätsel
Zu lösen da bin? Oder harret ihr,
Bis daß der rechte Ring den Mund eröffne? -
Doch halt! Ich höre ja, der rechte Ring
Besitzt die Wunderkraft beliebt zu machen;
Vor Gott und Menschen angenehm. Das muß
Entscheiden! Denn die falschen Ringe werden
Doch das nicht können! - Nun; wen lieben zwei
Von Euch am meisten? - Macht, sagt an! Ihr schweigt?
Die Ringe wirken nur zurück? und nicht
Nach außen? Jeder liebt sich selber nur
Am meisten? - O, so seid ihr alle drei
Betrogene Betrieger! Eure Ringe
Sind alle drei nicht echt. Der echte Ring
Vermutlich ging verloren. Den Verlust
Zu bergen, zu ersetzen, ließ der Vater
Die drei für einen machen.
Und also; fuhr der Richter fort, wenn ihr
Nicht meinen Rat, statt meines Spruches, wollt:
Geht nur! - Mein Rat ist aber der: ihr nehmt
Die Sache völlig wie sie liegt. Hat von
Euch jeder seinen Ring von seinem Vater:
So glaube jeder sicher seinen Ring
Den echten. - Möglich; daß der Vater nun
Die Tyrannei des einen Rings nicht länger
In seinem Hause dulden wollen! - Und gewiß;
Daß er euch alle drei geliebt, und gleich
Geliebt: indem er zwei nicht drücken mögen,
Um einen zu begünstigen. - Wohlan!
Es eifre jeder seiner unbestochnen
Von Vorurteilen freien Liebe nach!

Es strebe von euch jeder um die Wette,
Die Kraft des Steins in seinem Ring an Tag
Zu legen! komme dieser Kraft mit Sanftmut,
Mit herzlicher Verträglichkeit, mit Wohltun,
Mit innigster Ergebenheit in Gott
Zu Hülf'! Und wenn sich dann der Steine Kräfte
Bei euern Kindes-Kindeskindern äußern:
So lad' ich über tausend tausend Jahre
Sie wiederum vor diesen Stuhl. Da wird
Ein weisrer Mann auf diesem Stuhle sitzen
Als ich; und sprechen. Geht! - So sagte der
Bescheidne Richter.

Lessing ist am 15. Februar 1781 mit 52 Jahren an Brustwassersucht - Wasser zwischen Rippen und Lunge - in Braunschweig gestorben.

ICH

Die Ehre hat mich nie gesucht;
Sie hätte mich auch nie gefunden.
Wählt man, in zugezählten Stunden,
Ein prächtig Feierkleid zur Flucht?

Auch Schätze hab ich nie begehrt.
Was hilft es sie auf kurzen Wegen
Für Diebe mehr als sich zu hegen,
Wo man das wenigste verzehrt?

Wie lange währts, so bin ich hin,
Und einer Nachwelt untern Füßen?
Was braucht sie wen sie tritt zu wissen?
Weiß ich nur, wer ich bin.

Anhang

Die Erziehung des Menschengeschlechts

§. 1.

Was die Erziehung bey dem einzeln Menschen ist, ist die Offenbarung bey dem ganzen Menschengeschlechte.

§. 2.

Erziehung ist Offenbarung, die dem einzeln Menschen geschieht: und Offenbarung ist Erziehung, die dem Menschengeschlechte geschehen ist, und noch geschieht.

§. 3.

Ob die Erziehung aus diesem Gesichtspunkte zu betrachten, in der Pädagogik Nutzen haben kann, will ich hier nicht untersuchen. Aber in der Theologie kann es gewiß sehr großen Nutzen haben, und viele Schwierigkeiten heben, wenn man sich die Offenbarung als eine Erziehung des Menschengeschlechts vorstellet.

§. 4.

Erziehung giebt dem Menschen nichts, was er nicht auch aus sich selbst haben könnte: sie giebt ihm das, was er aus sich selber haben könnte, nur geschwinder und leichter. Also giebt auch die Offenbarung dem Menschengeschlechte nichts, worauf die menschliche Vernunft, sich selbst überlassen, nicht auch kommen würde: sondern sie gab und giebt ihm die wichtigsten dieser Dinge nur früher.

§ 5.

Und so wie es der Erziehung nicht gleichgültig ist, in welcher Ordnung sie die Kräfte des Menschen entwickelt; wie sie dem Menschen nicht alles auf einmal beibringen kann: eben so hat auch Gott bey seiner Offenbarung eine gewisse Ordnung, ein gewisses Maaß halten müssen.

§. 6.

Wenn auch der erste Mensch mit einem Begriffe von einem Einigen Gotte sofort ausgestattet wurde: so konnte doch dieser mitgetheilte, und nicht erworbene Begriff, unmöglich lange in seiner Lauterkeit bestehen. Sobald ihn die sich selbst überlassene menschliche Vernunft zu bearbeiten anfing, zerlegte sie den Einzigen Unermeßlichen in mehrere Ermeßlichere, und gab jedem dieser Theile ein Merkzeichen.

§. 7.

So entstand natürlicher Weise Vielgötterey und Abgötterey. Und wer weiß, wie viele Millionen Jahre sich die menschliche Vernunft noch in diesen Irrwegen würde herumgetrieben haben; ohngeachtet überall und zu allen Zeiten einzelne Menschen erkannten, daß es Irrwege waren: wenn es Gott nicht gefallen hätte, ihr durch einen neuen Stoß eine bessere Richtung zu geben.

§. 8.

Da er aber einem jeden einzeln Menschen sich nicht mehr offenbaren konnte, noch wollte: so wählte er sich ein einzelnes Volk zu seiner besondern Erziehung; und eben das ungeschliffenste, das verwildertste, um mit ihm ganz von vorne anfangen zu können.

§. 9.

Dieß war das Israelitische Volk, von welchem man gar nicht einmal weiß, was es für einen Gottesdienst in Aegypten hatte. Denn an dem Gottesdienste der Aegyptier durften so verachtete Sklaven nicht Theil nehmen: und der Gott seiner Väter war ihm gänzlich unbekannt geworden.

§. 10.

Vielleicht, daß ihm die Aegyptier allen Gott, alle Götter ausdrücklich untersagt hatten; es in den Glauben gestürzt hatten, es habe gar keinen Gott, gar keine Götter; Gott, Götter haben, sey nur ein Vorrecht der bessern Aegyptier: und das, um es mit so viel größerm Anscheine von Billigkeit tyrannisiren zu dürfen. – Machen Christen es mit ihren Sklaven noch itzt viel anders? –

§. 11.

Diesem rohen Volke also ließ sich Gott anfangs blos als den Gott seiner Väter ankündigen, um es nur erst mit der Idee eines auch ihm zustehenden Gottes bekannt und vertraut zu machen.

§. 12.

Durch die Wunder, mit welchen er es aus Aegypten führte, und in Kanaan einsetzte, bezeugte er sich ihm gleich darauf als einen Gott, der mächtiger sey, als irgend ein andrer Gott.

§. 13.

Und indem er fortfuhr, sich ihm als den Mächtigsten von allen zu bezeugen – welches doch nur einer seyn kann, – gewöhnte er es allmälig zu dem Begriffe des Einigen.

§. 14.

Aber wie weit war dieser Begriff des Einigen, noch unter dem wahren transcendentalen Begriffe des Einigen, welchen die Vernunft so spät erst aus dem Begriffe des Unendlichen mit Sicherheit schließen lernen!

§. 15.

Zu dem wahren Begriffe des Einigen – wenn sich ihm auch schon die Besserern des Volks mehr oder weniger näherten – konnte sich doch das Volk lange nicht erheben: und dieses war die einzige wahre Ursache, warum es so oft seinen Einigen Gott verließ, und den Einigen, d. i. Mächtigsten, in irgend einem andern Gotte eines andern Volks zu finden glaubte.

§. 16.

Ein Volk aber, das so roh, so ungeschickt zu abgezognen Gedanken war, noch so völlig in seiner Kindheit war, was war es für einer moralischen Erziehung fähig? Keiner andern, als die dem Alter der Kindheit entspricht. Der Erziehung durch unmittelbare sinnliche Strafen und Belohnungen.

§. 17.

Auch hier also treffen Erziehung und Offenbarung zusammen. Noch konnte Gott seinem Volke keine andere Religion, kein anders Gesetz geben, als eines, durch dessen Beobachtung oder Nichtbeobachtung es hier auf Erden glücklich oder unglücklich zu werden hoffte oder fürchtete. Denn weiter als auf dieses Leben gingen noch seine Blicke nicht. Es wußte von keiner Unsterblichkeit der Seele; es sehnte sich nach keinem künftigen Leben. Ihm aber nun schon diese Dinge zu offenbaren, welchen seine Vernunft noch so wenig gewachsen war: was würde es bey Gott anders gewesen seyn, als der Fehler des eiteln Pädagogen, der sein Kind lieber übereilen und mit ihm prahlen, als gründlich unterrichten will.

§. 18.

Allein wozu, wird man fragen, diese Erziehung eines so rohen Volkes, eines Volkes, mit welchem Gott so ganz von vorne anfangen mußte? Ich antworte: um in der Folge der Zeit einzelne Glieder desselben so viel sichrer zu Erziehern aller übrigen Völker brauchen zu können. Er erzog in ihm die künftigen Erzieher des Menschengeschlechts. Das wurden Juden, das konnten nur Juden werden, nur Männer aus einem so erzogenen Volke.

§. 19.

Denn weiter. Als das Kind unter Schlägen und Liebkosungen aufgewachsen und nun zu Jahren des Verstandes gekommen war, stieß es der Vater auf einmal in die Fremde; und hier erkannte es auf einmal das Gute, das es in seines Vaters Hause gehabt und nicht erkannt hatte.

§. 20.

Während daß Gott sein erwähltes Volk durch alle Staffeln einer kindischen Erziehung führte: waren die andern Völker des Erdbodens bey dem Lichte der Vernunft ihren Weg fortgegangen. Die meisten derselben waren weit hinter dem erwählten Volke zurückgeblieben: nur einige waren ihm zuvorgekommen. Und auch das geschieht bey Kindern, die man für sich aufwachsen läßt; viele bleiben ganz roh; einige bilden sich zum Erstaunen selbst.

§. 21.

Wie aber diese glücklichern Einige nichts gegen den Nutzen und die Nothwendigkeit der Erziehung beweisen: so beweisen die wenigen heidnischen Völker, die selbst in der Erkenntniß Gottes vor dem erwählten Volke noch bis itzt einen Vorsprung zu haben schienen, nichts gegen die Offenbarung. Das Kind der Erziehung fängt mit langsamen aber sichern Schritten an; es hohlt manches glücklicher organisirte Kind der Natur spät ein; aber es hohlt es doch ein, und ist alsdann nie wieder von ihm einzuholen.

§. 22.

Auf gleiche Weise. Daß, – die Lehre von der Einheit Gottes bey Seite gesetzt, welche in den Büchern des Alten Testaments sich findet, und sich nicht findet – daß, sage ich, wenigstens die Lehre von der Unsterblichkeit der Seele, und die damit verbundene Lehre von Strafe und Belohnung in einem künftigen Leben, darum völlig fremd sind: beweiset eben so wenig wider den göttlichen Ursprung dieser Bücher. Es kann dem ohngeachtet mit allen darinn enthaltenen Wundern und Prophezeyungen seine gute Richtigkeit haben. Denn laßt uns setzen, jene Lehren würden nicht allein darinn vermißt, jene Lehren wären auch sogar nicht einmal wahr, laßt uns setzen, es wäre wirklich für die Menschen in diesem Leben alles aus: wäre darum das Daseyn Gottes minder erwiesen? stünde es darum Gotte minder frey, würde es darum Gotte minder ziemen, sich der zeitlichen Schicksale irgend eines Volks aus diesem vergänglichen Geschlechte unmittelbar anzunehmen? Die Wunder, die er für die Juden that, die Prophezeyungen, die er durch sie aufzeichnen ließ, waren ja nicht blos für die wenigen sterblichen Juden, zu deren Zeiten sie geschahen und aufgezeichnet wurden: er hatte seine Absichten damit auf das ganze jüdische Volk, auf das ganze Menschengeschlecht, die hier auf Erden vielleicht ewig dauern sollen, wenn schon jeder einzelne Jude, jeder einzelne Mensch auf immer dahin stirbt.

§. 23.

Noch einmal. Der Mangel jener Lehren in den Schriften des Alten Testaments beweiset wider ihre Göttlichkeit nichts. Moses war doch von Gott gesandt, obschon die Sanktion seines Gesetzes sich nur auf dieses Leben erstreckte. Denn warum weiter? Er war ja nur an das Israelitische Volk, an das damalige Israelitische Volk gesandt: und sein Auftrag war den Kenntnissen, den Fähigkeiten, den Neigungen dieses damaligen israelitischen Volks, so wie der Bestimmung des künftigen, vollkommen angemessen. Das ist genug.

§. 24.

So weit hätte Warburton auch nur gehen müssen, und nicht weiter. Aber der gelehrte Mann überspannte den Bogen. Nicht zufrieden, daß der Mangel jener Lehren der göttlichen Sendung Mosis nichts schade: er sollte ihm die göttliche Sendung Mosis sogar beweisen. Und wenn er diesen Beweis noch aus der Schicklichkeit eines solchen Gesetzes für ein solches Volk zu führen gesucht hätte! Aber er nahm seine Zuflucht zu einem von Mose bis auf Christum ununterbrochen fortdaurenden Wunder, nach welchem Gott einen jeden einzeln Juden gerade so glücklich oder unglücklich gemacht habe, als es dessen Gehorsam oder Ungehorsam gegen das Gesetz verdiente. Dieses Wunder habe den Mangel jener Lehren, ohne welche kein Staat bestehen könne, ersetzt; und eine solche Ersetzung eben beweise, was jener Mangel, auf den ersten Anblick, zu verneinen scheine.

§. 25.

Wie gut war es, daß Warburton dieses anhaltende Wunder, in welches er das Wesentliche der Israelitischen Theokratie setzte, durch nichts erhärten, durch nichts wahrscheinlich machen konnte. Denn hätte er das gekonnt; wahrlich – alsdenn erst hätte er die Schwierigkeit unauflöslich gemacht. – Mir wenigstens. – Denn was die Göttlichkeit der Sendung Mosis wieder herstellen sollte, würde an der Sache selbst zweifelhaft gemacht haben, die Gott zwar damals nicht mittheilen, aber doch gewiß auch nicht erschweren wollte.

§. 26.

Ich erkläre mich an dem Gegenbilde der Offenbarung. Ein Elementarbuch für Kinder, darf gar wohl dieses oder jenes wichtige Stück der Wissenschaft oder Kunst, die es vorträgt, mit Stillschweigen übergehen, von dem der Pädagog urtheilte, daß es den Fähigkeiten der Kinder, für die er schrieb, noch nicht angemessen sey. Aber es darf schlechterdings nichts enthalten, was den Kindern den Weg zu den zurückbehaltnen wichtigen Stücken versperre oder verlege. Vielmehr müssen ihnen alle Zugänge zu denselben sorgfältig offen gelassen werden: und sie nur von einem einzigen dieser Zugänge ableiten, oder verursachen, daß sie denselben später betreten, würde allein die Unvollständigkeit des Elementarbuchs zu einem wesentlichen Fehler desselben machen.

§ 27.

Also auch konnten in den Schriften des Alten Testaments, in diesen Elementarbüchern für das rohe und im Denken ungeübte Israelitische Volk, die Lehre von der Unsterblichkeit der Seele und künftigen Vergeltung gar wohl mangeln: aber enthalten durften sie schlechterdings nichts, was das Volk, für das sie geschrieben waren, auf dem Wege zu dieser großen Wahrheit auch nur verspätet hätte. Und was hätte es, wenig zu sagen, mehr dahin verspätet, als wenn jene wunderbare Vergeltung in diesem Leben darinn wäre versprochen, und von dem wäre versprochen worden, der nichts verspricht, was er nicht hält?

§. 28.

Denn wenn schon aus der ungleichen Austheilung der Güter dieses Lebens, bey der auf Tugend und Laster so wenig Rücksicht genommen zu seyn scheinet, eben nicht der strengste Beweis für die Unsterblichkeit der Seele und für ein anders Leben, in welchem jener Knoten sich auflöse, zu führen: so ist doch wohl gewiß, daß der menschliche Verstand ohne jenem Knoten noch lange nicht – und vielleicht auch nie – auf bessere und strengere Beweise gekommen wäre. Denn was sollte ihn antreiben können, diese bessern Beweise zu suchen? Die blosse Neugierde?

§. 29.

Der und jener Israelite mochte freylich wohl die göttlichen Versprechungen und Androhungen, die sich auf den gesammten Staat bezogen, auf jedes einzelne Glied desselben erstrecken, und in dem festen Glauben stehen, daß wer fromm sey auch glücklich seyn müsse, und wer unglücklich sey, oder werde, die Strafe seiner Missethat trage, welche sich sofort wieder in Segen verkehre, sobald er von seiner Missethat ablasse. – Ein solcher scheinet den Hiob geschrieben zu haben; denn der Plan desselben ist ganz in diesem Geiste. –

§. 30.

Aber unmöglich durfte die tägliche Erfahrung diesen Glauben bestärken: oder es war auf immer bey dem Volke, das diese Erfahrung hatte, auf immer um die Erkennung und Aufnahme der ihm noch ungeläufigen Wahrheit geschehen. Denn wenn der Fromme schlechterdings glücklich war, und es zu seinem Glücke doch wohl auch mit gehörte, daß seine Zufriedenheit keine schrecklichen Gedanken des Todes unterbrachen, daß er alt und lebenssatt starb: wie konnte er sich nach einem andern Leben sehnen? wie konnte er über etwas nachdenken, wornach er sich nicht sehnte? Wenn aber der Fromme darüber nicht nachdachte: wer sollte es denn? Der Bösewicht? der die Strafe seiner Missethat fühlte, und wenn er dieses Leben verwünschte, so gern auf jedes andere Leben Verzicht that?

§. 31.

Weit weniger verschlug es, daß der und jener Israelite die Unsterblichkeit der Seele und künftige Vergeltung, weil sich das Gesetz nicht darauf bezog, gerade zu und ausdrücklich leugnete. Das Leugnen eines Einzeln – wäre es auch ein Salomo gewesen, – hielt den Fortgang des gemeinen Verstandes nicht auf, und war an und für sich selbst schon ein Beweis, daß das Volk nun einen großen Schritt der Wahrheit näher gekommen war. Denn Einzelne leugnen nur, was Mehrere in Ueberlegung ziehen; und in Ueberlegung ziehen, warum man sich vorher ganz und gar nicht bekümmerte, ist der halbe Weg zur Erkenntniß.

§. 32.

Laßt uns auch bekennen, daß es ein heroischer Gehorsam ist, die Gesetze Gottes beobachten, blos weil es Gottes Gesetze sind, und nicht, weil er die Beobachter derselben hier und dort zu belohnen verheissen hat; sie beobachten, ob man schon an der künftigen Belohnung ganz verzweifelt, und der zeitlichen auch nicht so ganz gewiß ist.

§. 33.

Ein Volk, in diesem heroischen Gehorsame gegen Gott erzogen, sollte es nicht bestimmt, sollte es nicht vor allen andern fähig seyn, ganz besondere göttliche Absichten auszuführen? – Laßt den Soldaten, der seinem Führer blinden Gehorsam leistet, nun auch von der Klugheit seines Führers überzeugt werden, und sagt, was dieser Führer mit ihm auszuführen sich nicht unterstehen darf? –

§. 34.

Noch hatte das jüdische Volk in seinem Jehova mehr den Mächtigsten, als den Weisesten aller Götter verehrt; noch hatte es ihn als einen eifrigen Gott mehr gefürchtet, als geliebt: auch dieses zum Beweise, daß die Begriffe, die es von seinem höchsten einigen Gott hatte, nicht eben die rechten Begriffe waren, die wir von Gott haben müssen. Doch nun war die Zeit da, daß diese seine Begriffe erweitert, veredelt, berichtiget werden sollten, wozu sich Gott eines ganz natürlichen Mittels bediente; eines bessern richtigern Maaßstabes, nach welchem es ihn zu schätzen Gelegenheit bekam.

§. 35.

Anstatt daß es ihn bisher nur gegen die armseligen Götzen der kleinen benachbarten rohen Völkerschaften geschützt hatte, mit welchen es in beständiger Eifersucht lebte: fing es in der Gefangenschaft unter dem weisen Perser an, ihn gegen das Wesen aller Wesen zu messen, wie das eine geübtere Vernunft erkannte und verehrte.

§. 36.

Die Offenbarung hatte seine Vernunft geleitet, und nun erhellte die Vernunft auf einmal seine Offenbarung.

§. 37.

Das war der erste wechselseitige Dienst, den beyde einander leisteten; und dem Urheber beyder ist ein solcher gegenseitiger Einfluß so wenig unanständig, daß ohne ihm eines von beyden überflüssig seyn würde.

§. 38.

Das in die Fremde geschickte Kind sahe andere Kinder, die mehr wußten; die anständiger lebten, und fragte sich beschämt: warum weiß ich das nicht auch? warum lebe ich nicht auch so? Hätte in meines Vaters Hause man mir das nicht auch beibringen; dazu mich nicht auch anhalten sollen? Da sucht es seine Elementarbücher wieder vor, die ihm längst zum Ekel geworden, um die Schuld auf die Elementarbücher zu schieben. Aber siehe! es erkennet, daß die Schuld nicht an den Büchern liege, daß die Schuld ledig sein eigen sey, warum es nicht längst eben das wisse, eben so lebe.

§. 39.

Da die Juden nunmehr, auf Veranlassung der reinern Persischen Lehre, in ihrem Jehova nicht blos den größten aller Nationalgötter, sondern Gott erkannten; da sie ihn als solchen in ihren wieder hervorgesuchten heiligen Schriften um so eher finden und andern zeigen konnten, als er wirklich darin war; da sie vor allen sinnlichen Vorstellungen desselben einen eben so großen Abscheu bezeugten, oder doch in diesen Schriften zu haben angewiesen wurden, als die Perser nur immer hatten: was Wunder, daß sie vor den Augen des Cyrus mit einem Gottesdienste Gnade fanden, den er zwar noch weit unter dem reinen Sabeismus, aber doch auch weit über die groben Abgöttereyen zu seyn erkannte, die sich dafür des verlaßnen Landes der Juden bemächtiget hatten?

§. 40.

So erleuchtet über ihre eignen unerkannten Schätze kamen sie zurück, und wurden ein ganz andres Volk, dessen erste Sorge es war, diese Erleuchtung unter sich dauerhaft zu machen. Bald war an Abfall und Abgötterey unter ihm nicht mehr zu denken. Denn man kann einem Nationalgott wohl untreu werden, aber nie Gott, so bald man ihn einmal erkannt hat.

§. 41.

Die Gottesgelehrten haben diese gänzliche Veränderung des jüdischen Volks verschiedentlich zu erklären gesucht; und Einer, der die Unzulänglichkeit aller dieser verschiednen Erklärungen sehr wohl gezeigt hat, wollte endlich »die augenscheinliche Erfüllung der über die Babylonische Gefangenschaft und die Wiederherstellung aus derselben ausgesprochnen und aufgeschriebnen Weissagungen,« für die wahre Ursache derselben angeben. Aber auch diese Ursache kann nur in so fern die wahre seyn, als sie die nun erst vereitelten Begriffe von Gott voraus setzt. Die Juden mußten nun erst erkannt haben, daß Wunderthun und das Künftige vorhersagen, nur Gott zukomme; welches beydes sie sonst auch den falschen Götzen beygeleget hatten, wodurch eben Wunder und Weissagungen bisher nur einen so schwachen, vergänglichen Eindruck auf sie gemacht hatten.

§. 42.

Ohne Zweifel waren die Juden unter den Chaldäern und Persern auch mit der Lehre von der Unsterblichkeit der Seele bekannter geworden. Vertrauter mit ihr wurden sie in den Schulen der Griechischen Philosophen in Aegypten.

§. 43.

Doch da es mit dieser Lehre, in Ansehung ihrer heiligen Schriften, die Bewandtnis nicht hatte, die es mit der Lehre von der Einheit und den Eigenschaften Gottes gehabt hatte; da jene von dem sinnlichen Volke darum war gröblich übersehen worden, diese aber gesucht seyn wollte; da auf diese noch Vorübungen nöthig gewesen waren, und also nur Anspielungen und Fingerzeige Statt gehabt hatten: so konnte der Glaube an die Unsterblichkeit der Seele natürlicher Weise nie der Glaube des gesammten Volks werden. Er war und blieb nur der Glaube einer gewissen Sekte desselben.

§. 44.

Eine Vorübung auf die Lehre von der Unsterblichkeit der Seele, nenne ich z. E. die göttliche Androhung, die Missethat des Vaters an seinen Kindern bis ins dritte und vierte Glied zu strafen. Dieß gewöhnte die Väter in Gedanken mit ihren spätesten Nachkommen zu leben, und das Unglück, welches sie über diese Unschuldige gebracht hatten, voraus zu fühlen.

§. 45.

Eine *Anspielung* nenne ich, was blos die Neugierde reizen und eine Frage veranlassen sollte. Als die oft vorkommende Redensart, *zu seinen Vätern versammlet werden*, für sterben.

§. 46.

Einen Fingerzeig nenne ich, was schon irgend einen Keim enthält, aus welchem sich die noch zurückgehaltne Wahrheit entwickeln läßt. Dergleichen war Christi Schluß aus der Benennung Gott Abrahams, Isaacs und Jacobs. Dieser Fingerzeig scheint mir allerdings in einen strengen Beweis ausgebildet werden zu können.

§. 47.

In solchen Vorübungen, Anspielungen, Fingerzeigen besteht die positive Vollkommenheit eines Elementarbuchs; so wie die oben erwähnte Eigenschaft, daß es den Weg zu den noch zurückgehaltenen Wahrheiten nicht erschwere, oder versperre, die negative Vollkommenheit desselben war.

§. 48.

Setzt hierzu noch die Einkleidung und den Stil – 1) die Einkleidung der nicht wohl zu übergehenden abstrakten Wahrheiten in Allegorieen und lehrreiche einzelne Fälle, die als wirklich geschehen erzählet werden. Dergleichen sind die Schöpfung, unter dem Bilde des werdenden Tages; die Quelle des moralischen Bösen, in der Erzählung vom verbotnen Baume; der Ursprung der mancherlei Sprachen, in der Geschichte vom Thurmbaue zu Babel, u. s. w.

§. 49.

2) den Stil – bald plan und einfältig, bald poetisch, durchaus voll Tautologieen, aber solchen, die den Scharfsinn üben, indem sie bald etwas anders zu sagen scheinen, und doch

das nehmliche sagen, bald das nehmliche zu sagen scheinen, und im Grunde etwas anders bedeuten oder bedeuten können: –

§. 50.

Und ihr habt alle gute Eigenschaften eines Elementarbuchs sowol für Kinder, als für ein kindisches Volk.

§. 51.

Aber jedes Elementarbuch ist nur für ein gewisses Alter. Das ihm entwachsene Kind länger, als die Meinung gewesen, dabey zu verweilen, ist schädlich. Denn um dieses auf eine nur einigermaaßen nützliche Art thun zu können, muß man mehr hineinlegen, als darum liegt; mehr hineintragen, als es fassen kann. Man muß der Anspielungen und Fingerzeige zu viel suchen und machen, die Allegorieen zu genau ausschütteln, die Beyspiele zu umständlich deuten, die Worte zu stark pressen. Das giebt dem Kinde einen kleinlichen, schiefen, spitzfindigen Verstand; das macht es geheimnißreich, abergläubisch, voll Verachtung gegen alles Faßliche und Leichte.

§. 52.

Die nehmliche Weise, wie die Rabbinen ihre heiligen Bücher behandelten! Der nehmliche Charakter, den sie dem Geiste ihres Volks dadurch ertheilten!

§. 53.

Ein bessrer Pädagog muß kommen, und dem Kinde das erschöpfte Elementarbuch aus den Händen reißen. – Christus kam.

§. 54.

Der Theil des Menschengeschlechts, den Gott in Einen Erziehungsplan hatte fassen wollen – Er hatte aber nur denjenigen in Einen fassen wollen, der durch Sprache, durch Handlung, durch Regierung, durch andere natürliche und politische Verhältnisse in sich bereits verbunden war – war zu dem zweyten großen Schritte der Erziehung reif.

§. 55.

Das ist: dieser Theil des Menschengeschlechts war in der Ausübung seiner Vernunft so weit gekommen, daß er zu seinen moralischen Handlungen edlere, würdigere Bewegungsgründe bedurfte und brauchen konnte, als zeitliche Belohnung und Strafen waren, die ihn bisher geleitet hatten. Das Kind wird Knabe. Leckerey und Spielwerk weicht der aufkeimenden Begierde, eben so frey, eben so geehrt, eben so glücklich zu werden, als es sein älteres Geschwister sieht.

§. 56.

Schon längst waren die Bessern von jenem Theile des Menschengeschlechts gewohnt, sich durch einen Schatten solcher edlern Bewegungsgründe regieren zu lassen. Um nach diesem Leben auch nur in dem Andenken seiner Mitbürger fortzuleben, that der Grieche und Römer alles.

§. 57.

Es war Zeit, daß ein andres wahres nach diesem Leben zu gewärtigendes Leben Einfluß auf seine Handlungen gewönne.

§. 58.

Und so ward Christus der erste zuverlässige, praktische Lehrer der Unsterblichkeit der Seele.

§. 59.

Der erste zuverlässige Lehrer. – Zuverlässig durch die Weissagungen, die in ihm erfüllt schienen; zuverlässig durch die Wunder, die er verrichtete; zuverlässig durch seine eigene Wiederbelebung nach einem Tode, durch den er seine Lehre versiegelt hatte. Ob wir noch itzt diese Wiederbelebung, diese Wunder beweisen können: das lasse ich dahin gestellt seyn. So, wie ich es dahin gestellt seyn lasse, wer die Person dieses Christus gewesen. Alles das kann damals zur Annehmung seiner Lehre wichtig gewesen seyn: itzt ist es zur Erkennung der Wahrheit dieser Lehre so wichtig nicht mehr.

§. 60.

Der erste praktische Lehrer. – Denn ein anders ist die Unsterblichkeit der Seele, als eine philosophische Speculation, vermuthen, wünschen, glauben: ein anders, seine innern und äussern Handlungen darnach einrichten.

§. 61.

Und dieses wenigstens lehrte Christus zuerst. Denn ob es gleich bey manchen Völkern auch schon vor ihm eingeführter Glaube war, daß böse Handlungen noch in jenem Leben bestraft würden: so waren es doch nur solche, die der bürgerlichen Gesellschaft Nachtheil brachten, und daher auch schon in der bürgerlichen Gesellschaft ihre Strafe hatten. Eine innere Reinigkeit des Herzens in Hinsicht auf ein andres Leben zu empfehlen, war ihm allein vorbehalten.

§. 62.

Seine Jünger haben diese Lehre getreulich fortgepflanzt. Und wenn sie auch kein ander Verdienst hätten, als daß sie einer Wahrheit, die Christus nur allein für die Juden bestimmt zu haben schien, einen allgemeinem Umlauf unter mehrern Völkern verschaft hätten: so wären sie schon darum unter die Pfleger und Wohlthäter des Menschengeschlechts zu rechnen.

§. 63.

Daß sie aber diese Eine große Lehre noch mit andern Lehren versetzten, deren Wahrheit weniger einleuchtend, deren Nutzen weniger erheblich war: wie konnte das anders seyn? Laßt uns sie darum nicht schelten, sondern vielmehr mit Ernst untersuchen: ob nicht selbst diese beygemischten Lehren ein neuer Richtungsstoß für die menschliche Vernunft geworden.

§. 64.

Wenigstens ist es schon aus der Erfahrung klar, daß die Neutestamentlichen Schriften, in welchen sich diese Lehren nach einiger Zeit aufbewahret fanden, das zweyte beßre Elementarbuch für das Menschengeschlecht abgegeben haben, und noch abgeben.

§. 65.

Sie haben seit siebzehnhundert Jahren den menschlichen Verstand mehr als alle andere Bücher beschäftiget; mehr als alle andere Bücher erleuchtet, sollte es auch nur das Licht seyn, welches der menschliche Verstand selbst hineintrug.

§. 66.

Unmöglich hätte irgend ein ander Buch unter so verschiednen Völkern so allgemein bekannt werden können: und unstreitig hat das, daß so ganz ungleiche Denkungsarten sich mit diesem nehmlichen Buche beschäftigten, den menschlichen Verstand mehr fortgeholfen, als wenn jedes Volk für sich besonders sein eignes Elementarbuch gehabt hätte.

§. 67.

Auch war es höchst nöthig, daß jedes Volk dieses Buch eine Zeit lang für das Non plus ultra seiner Erkenntnisse halten mußte. Denn dafür muß auch der Knabe sein Elementarbuch vors erste ansehen; damit die Ungeduld, nur fertig zu werden, ihn nicht zu Dingen fortreißt, zu welchen er noch keinen Grund gelegt hat.

§. 68.

Und was noch itzt höchst wichtig ist: – Hüte dich, du
fähigeres Individuum, der du an dem letzten Blatte dieses
Elementarbuches stampfest und glühest, hüte dich, es deine
schwächere Mitschüler merken zu lassen, was du witterst,
oder schon zu sehn beginnest.

§. 69.

Bis sie dir nach sind, diese schwächere Mitschüler; – kehre
lieber noch einmal selbst in dieses Elementarbuch zurück,
und untersuche, ob das, was du nur für Wendungen der
Methode, für Lückenbüßer der Didaktik hältst, auch wohl
nicht etwas Mehrers ist.

§. 70.

Du hast in der Kindheit des Menschengeschlechts an der
Lehre von der Einheit Gottes gesehen, daß Gott auch bloße
Vernunftswahrheiten unmittelbar offenbaret; oder verstattet
und einleitet, daß bloße Vernunftswahrheiten als unmittelbar geoffenbarte Wahrheiten eine Zeit lang gelehret werden:
um sie geschwinder zu verbreiten, und sie fester zu grün-
den.

§. 71.

Du erfährst, in dem Knabenalter des Menschengeschlechts,
an der Lehre von der Unsterblichkeit der Seele, das Nehmliche. Sie wird in dem zweyten bessern Elementarbuche als
Offenbarung geprediget, nicht als Resultat menschlicher
Schlüsse gelehret.

§. 72.

So wie wir zur Lehre von der Einheit Gottes nunmehr des Alten Testaments entbehren können; so wie wir allmälig, zur Lehre von der Unsterblichkeit der Seele, auch des Neuen Testaments entbehren zu können anfangen: könnten in diesem nicht noch mehr dergleichen Wahrheiten vorgespiegelt werden, die wir als Offenbarungen so lange anstaunen sollen, bis sie die Vernunft aus ihren andern ausgemachten Wahrheiten herleiten und mit ihnen verbinden lernen?

§. 73.

Z. E. die Lehre von der Dreyeinigkeit. – Wie, wenn diese Lehre den menschlichen Verstand, nach unendlichen Verirrungen rechts und links, nur endlich auf den Weg bringen sollte, zu erkennen, daß Gott in dem Verstande, in welchem endliche Dinge eins sind, unmöglich eins seyn könne; daß auch seine Einheit eine transcendentale Einheit seyn müsse, welche eine Art von Mehrheit nicht ausschließt? – Muß Gott wenigstens nicht die vollständigste Vorstellung von sich selbst haben? d. i. eine Vorstellung, in der sich alles befindet, was in ihm selbst ist. Würde sich aber alles in ihr finden, was in ihm selbst ist, wenn auch von seiner nothwendigen Wirklichkeit, so wie von seinen übrigen Eigenschaften, sich blos eine Vorstellung, sich blos eine Möglichkeit fände? Diese Möglichkeit erschöpft das Wesen seiner übrigen Eigenschaften: aber auch seiner nothwendigen Wirklichkeit? Mich dünkt nicht. – Folglich kann entweder Gott gar keine vollständige Vorstellung von sich selbst haben: oder diese vollständige Vorstellung ist eben so nothwendig wirklich, als er es selbst ist &c. –

Freylich ist das Bild von mir im Spiegel nichts als eine leere Vorstellung von mir, weil es nur das von mir hat, wovon Lichtstrahlen auf seine Fläche fallen. Aber wenn denn nun dieses Bild alles, alles ohne Ausnahme hätte, was ich selbst habe: würde es sodann auch noch eine leere Vorstellung, oder nicht vielmehr eine wahre Verdopplung meines Selbst seyn? – Wenn ich eine ähnliche Verdopplung in Gott zu erkennen glaube: so irre ich mich vielleicht nicht so wohl, als daß die Sprache meinen Begriffen unterliegt; und so viel bleibt doch immer unwidersprechlich, daß diejenigen, welche die Idee davon populär machen wollen, sich schwerlich faßlicher und schicklicher hätten ausdrücken können, als durch die Benennung eines Sohnes, den Gott von Ewigkeit zeugt.

§. 74.

Und die Lehre von der Erbsünde. – Wie, wenn uns endlich alles überführte, daß der Mensch auf der ersten und niedrigsten Stufe seiner Menschheit, schlechterdings so Herr seiner Handlungen nicht sey, daß er moralischen Gesetzen folgen könne?

§. 75.

Und die Lehre von der Genugthuung des Sohnes. – Wie, wenn uns endlich alles nöthigte, anzunehmen: daß Gott, ungeachtet jener ursprünglichen Unvermögenheit des Menschen, ihm dennoch moralische Gesetze lieber geben, und ihm alle Uebertretungen, in Rücksicht auf seinen Sohn, d. i. in Rücksicht auf den selbstständigen Umfang aller seiner Vollkommenheiten, gegen den und in dem jede Unvollkommenheit des Einzeln verschwindet, lieber verzeihen wollen; als daß er sie ihm nicht geben, und ihn von aller moralischen Glückseligkeit ausschliessen wollen, die sich ohne moralische Gesetze nicht denken läßt?

§. 76.

Man wende nicht ein, daß dergleichen Vernünfteleyen über die Geheimnisse der Religion untersagt sind. – Das Wort Geheimniß bedeutete, in den ersten Zeiten des Christenthums, ganz etwas anders, als wir itzt darunter verstehen; und die Ausbildung geoffenbarter Wahrheiten in Vernunftswahrheiten ist schlechterdings nothwendig, wenn dem menschlichen Geschlechte damit geholfen seyn soll. Als sie geoffenbaret wurden, waren sie freylich noch keine Vernunftswahrheiten; aber sie wurden geoffenbaret, um es zu werden. Sie waren gleichsam das Facit, welches der Rechenmeister seinen Schülern voraus sagt, damit sie sich im Rechnen einigermaassen darnach richten können. Wollten sich die Schüler an dem voraus gesagten Facit begnügen: so würden sie nie rechnen lernen, und die Absicht, in welcher der gute Meister ihnen bey ihrer Arbeit einen Leitfaden gab, schlecht erfüllen.

§. 77.

Und warum sollten wir nicht auch durch eine Religion, mit deren historischen Wahrheit, wenn man will, es so mißlich aussieht, gleichwohl auf nähere und bessere Begriffe vom göttlichen Wesen, von unsrer Natur, von unsern Verhältnissen zu Gott, geleitet werden können, auf welche die menschliche Vernunft von selbst nimmermehr gekommen wäre?

§. 78.

Es ist nicht wahr, daß Speculationen über diese Dinge jemals Unheil gestiftet, und der bürgerlichen Gesellschaft nachtheilig geworden. – Nicht den Speculationen: dem Unsinne, der Tyranney, diesen Speculationen zu steuern; Menschen, die ihre eigenen hatten, nicht ihre eigenen zu gönnen, ist dieser Vorwurf zu machen.

§. 79.

Vielmehr sind dergleichen Speculationen – mögen sie im Einzeln doch ausfallen, wie sie wollen – unstreitig die schicklichsten Uebungen des menschlichen Verstandes überhaupt, so lange das menschliche Herz überhaupt, höchstens nur vermögend ist, die Tugend wegen ihrer ewigen glückseligen Folgen zu lieben.

§. 80.

Denn bey dieser Eigennützigkeit des menschlichen Herzens, auch den Verstand nur allein an dem üben wollen, was unsere körperlichen Bedürfnisse betrifft, würde ihn mehr stumpfen, als wetzen heissen. Er will schlechterdings an geistigen Gegenständen geübt seyn, wenn er zu seiner völligen Aufklärung gelangen, und diejenige Reinigkeit des Herzens hervorbringen soll, die uns, die Tugend um ihrer selbst willen zu lieben, fähig macht.

§. 81.

Oder soll das menschliche Geschlecht auf diese höchste Stufen der Aufklärung und Reinigkeit nie kommen? Nie?

§. 82.

Nie? – Laß mich diese Lästerung nicht denken, Allgütiger! – Die Erziehung hat ihr Ziel; bey dem Geschlechte nicht weniger als bey dem Einzeln. Was erzogen wird, wird zu Etwas erzogen.

§. 83.

Die schmeichelnden Aussichten, die man dem Jünglinge eröfnet; die Ehre, der Wohlstand, die man ihm vorspiegelt: was sind sie mehr, als Mittel, ihn zum Manne zu erziehen, der auch dann, wenn diese Aussichten der Ehre und des Wohlstandes wegfallen, seine Pflicht zu thun vermögend sey.

§. 84.

Darauf zwecke die menschliche Erziehung ab: und die göttliche reiche dahin nicht? Was der Kunst mit dem Einzeln gelingt, sollte der Natur nicht auch mit dem Ganzen gelingen? Lästerung! Lästerung!

§. 85.

Nein; sie wird kommen, sie wird gewiß kommen, die Zeit der Vollendung, da der Mensch, je überzeugter sein Verstand einer immer bessern Zukunft sich fühlet, von dieser Zukunft gleichwohl Bewegungsgründe zu seinen Handlungen zu erborgen, nicht nöthig haben wird; da er das Gute thun wird, weil es das Gute ist, nicht weil willkührliche Belohnungen darauf gesetzt sind, die seinen flatterhaften Blick ehedem blos heften und stärken sollten, die innern bessern Belohnungen desselben zu erkennen.

§. 86.

Sie wird gewiß kommen, die Zeit eines neuen ewigen Evangeliums, die uns selbst in den Elementarbüchern des Neuen Bundes versprochen wird.

§. 87.

Vielleicht, daß selbst gewisse Schwärmer des dreizehnten und vierzehnten Jahrhunderts einen Strahl dieses neuen ewigen Evangeliums aufgefangen hatten; und nur darum irrten, daß sie den Ausbruch desselben so nahe verkündigten.

§. 88.

Vielleicht war ihr dreyfaches Alter der Welt keine so leere Grille; und gewiß hatten sie keine schlimme Absichten, wenn sie lehrten, daß der Neue Bund eben so wohl antiquiret werden müsse, als es der Alte geworden. Es blieb auch bey ihnen immer die nehmliche Oekonomie des nehmlichen Gottes. Immer – sie meine Sprache sprechen zu lassen – der nehmliche Plan der allgemeinen Erziehung des Menschengeschlechts.

§. 89.

Nur daß sie ihn übereilten; nur daß sie ihre Zeitgenossen, die noch kaum der Kindheit entwachsen waren, ohne Aufklärung, ohne Vorbereitung, mit Eins zu Männern machen zu können glaubten, die ihres dritten Zeitalters würdig wären.

§. 90.

Und eben das machte sie zu Schwärmern. Der Schwärmer thut oft sehr richtige Blicke in die Zukunft: aber er kann diese Zukunft nur nicht erwarten. Er wünscht diese Zukunft beschleuniget; und wünscht, daß sie durch ihn beschleuniget werde. Wozu sich die Natur Jahrtausende Zeit nimmt, soll in dem Augenblicke seines Daseyns reifen. Denn was hat er davon, wenn das, was er für das Bessere erkennt, nicht noch bey seinen Lebzeiten das Bessere wird? Kömmt er wieder? Glaubt er wieder zu kommen? – Sonderbar, daß diese Schwärmerey allein unter den Schwärmern nicht mehr Mode werden will!

§.91.

Geh deinen unmerklichen Schritt, ewige Vorsehung! Nur laß mich dieser Unmerklichkeit wegen an dir nicht verzweifeln. – Laß mich an dir nicht verzweifeln, wenn selbst deine Schritte mir scheinen sollten, zurück zu gehen! – Es ist nicht wahr, daß die kürzeste Linie immer die gerade ist.

§. 92.

Du hast auf deinem ewigen Wege so viel mitzunehmen! so viel Seitenschritte zu thun! – Und wie? wenn es nun gar so gut als ausgemacht wäre, daß das große langsame Rad, welches das Geschlecht seiner Vollkommenheit näher bringt, nur durch kleinere schnellere Räder in Bewegung gesetzt würde, deren jedes sein Einzelnes eben dahin liefert?

§. 93.

Nicht anders! Eben die Bahn, auf welcher das Geschlecht zu seiner Vollkommenheit gelangt, muß jeder einzelne Mensch (der früher, der später) erst durchlaufen haben. – »In einem und eben demselben Leben durchlaufen haben? Kann er in eben demselben Leben ein sinnlicher Jude und ein geistiger Christ gewesen seyn? Kann er in eben demselben Leben beyde überhohlet haben?«

§. 94.

Das wohl nun nicht! – Aber warum könnte jeder einzelne Mensch auch nicht mehr als einmal auf dieser Welt vorhanden gewesen seyn?

§. 95.

Ist diese Hypothese darum so lächerlich, weil sie die älteste ist? weil der menschliche Verstand, ehe ihn die Sophisterey der Schule zerstreut und geschwächt hatte, sogleich darauf verfiel?

§. 96.

Warum könnte auch Ich nicht hier bereits einmal alle die Schritte zu meiner Vervollkommung gethan haben, welche blos zeitliche Strafen und Belohnungen den Menschen bringen können?

§. 97.

Und warum nicht ein andermal alle die, welche zu thun, uns die Aussichten in ewige Belohnungen, so mächtig helfen?

§. 98.

Warum sollte ich nicht so oft wiederkommen, als ich neue Kenntnisse, neue Fertigkeiten zu erlangen geschickt bin? Bringe ich auf Einmal so viel weg, daß es der Mühe wieder zu kommen etwa nicht lohnet?

§. 99.

Darum nicht? – Oder, weil ich es vergesse, daß ich schon da gewesen? Wohl mir, daß ich das vergesse. Die Erinnerung meiner vorigen Zustände, würde mir nur einen schlechten Gebrauch des gegenwärtigen zu machen erlauben. Und was ich auf itzt vergessen muß, habe ich denn das auf ewig vergessen?

§. 100.

Oder, weil so zu viel Zeit für mich verloren gehen würde? – Verloren? – Und was habe ich denn zu versäumen? Ist nicht die ganze Ewigkeit mein?

LAOKOON

Vorrede

Der erste, welcher die Malerei und Poesie miteinander verglich, war ein Mann von feinem Gefühle, der von beiden Künsten eine ähnliche Wirkung auf sich verspürte. Beide, empfand er, stellen uns abwesende Dinge als gegenwärtig, den Schein als Wirklichkeit vor; beide täuschen, und beider Täuschung gefällt.

Ein zweiter suchte in das Innere dieses Gefallens einzudringen, und entdeckte, daß es bei beiden aus einerlei Quelle fließe. Die Schönheit, deren Begriff wir zuerst von körperlichen Gegenständen abziehen, hat allgemeine Regeln, die sich auf mehrere Dinge anwenden lassen; auf Handlungen, auf Gedanken sowohl als auf Formen.

Ein dritter, welcher über den Wert und über die Verteilung dieser allgemeinen Regeln nachdachte, bemerkte, daß einige mehr in der Malerei, andere mehr in der Poesie herrschten; daß also bei diesen die Poesie der Malerei, bei jenen die Malerei der Poesie mit Erläuterungen und Beispielen aushelfen könne.

Das erste war der Liebhaber; das zweite der Philosoph; das dritte der Kunstrichter.

Jene beiden konnten nicht leicht, weder von ihrem Gefühl, noch von ihren Schlüssen, einen unrechten Gebrauch machen. Hingegen bei den Bemerkungen des Kunstrichters beruhet das meiste in der Richtigkeit der Anwendung auf den einzeln Fall; und es wäre ein Wunder, da es gegen einen scharfsinnigen Kunstrichter funfzig witzige gegeben hat, wenn diese Anwendung jederzeit mit aller der Vorsicht wäre gemacht worden, welche die Wage zwischen beiden Künsten gleich erhalten muß.

Falls Apelles und Protogenes, in ihren verlornen Schriften von der Malerei, die Regeln derselben durch die bereits festgesetzten Regeln der Poesie bestätiget und erläutert haben, so darf man sicherlich glauben, daß es mit der Mäßigung und Genauigkeit wird geschehen sein, mit welcher wir noch itzt den Aristoteles, Cicero, Horaz, Quintilian, in ihren Werken die Grundsätze und Erfahrungen der Malerei auf die Beredsamkeit und Dichtkunst anwenden sehen. Es ist das Vorrecht der Alten, keiner Sache weder zu viel noch zu wenig zu tun.

Aber wir Neuern haben in mehrern Stücken geglaubt, uns weit über sie wegzusetzen, wenn wir ihre kleinen Lustwege in Landstraßen verwandelten; sollten auch die kürzern und sichrern Landstraßen darüber zu Pfaden eingehen, wie sie durch Wildnisse führen.

Die blendende Antithese des griechischen Voltaire, daß die Malerei eine stumme Poesie, und die Poesie eine redende Malerei sei, stand wohl in keinem Lehrbuche. Es war ein Einfall, wie Simonides mehrere hatte; dessen wahrer Teil so einleuchtend ist, daß man das Unbestimmte und Falsche, welches er mit sich führet, übersehen zu müssen glaubet.

Gleichwohl übersahen es die Alten nicht. Sondern indem sie den Ausspruch des Simonides auf die Wirkung der beiden Künste einschränkten, vergaßen sie nicht einzuschärfen, daß, ohngeachtet der vollkommenen Ähnlichkeit dieser

Wirkung, sie dennoch, sowohl in den Gegenständen als in der Art ihrer Nachahmung (υλη και τροποις μιμησεως) verschieden wären.

Völlig aber, als ob sich gar keine solche Verschiedenheit fände, haben viele der neuesten Kunstrichter aus jener Übereinstimmung der Malerei und Poesie die krudesten Dinge von der Welt geschlossen. Bald zwingen sie die Poesie in die engern Schranken der Malerei; bald lassen sie die Malerei die ganze weite Sphäre der Poesie füllen. Alles was der einen recht ist, soll auch der andern vergönnt sein; alles was in der einen gefällt oder mißfällt, soll notwendig auch in der andern gefallen oder mißfallen; und voll von dieser Idee, sprechen sie in dem zuversichtlichsten Tone die seichtesten Urteile, wenn sie, in den Werken des Dichters und Malers über einerlei Vorwurf, die darin bemerkten Abweichungen voneinander zu Fehlern machen, die sie dem einen oder dem andern, nach dem sie entweder mehr Geschmack an der Dichtkunst oder an der Malerei haben, zur Last legen.

Ja diese Afterkritik hat zum Teil die Virtuosen selbst verführet. Sie hat in der Poesie die Schilderungssucht, und in der Malerei die Allegoristerei erzeuget; indem man jene zu einem redenden Gemälde machen wollen, ohne eigentlich zu wissen, was sie malen könne und solle, und diese zu einem stummen Gedichte, ohne überlegt zu haben, in welchem Maße sie allgemeine Begriffe ausdrücken könne, ohne sich von ihrer Bestimmung zu entfernen, und zu einer willkürlichen Schriftart zu werden.

Diesem falschen Geschmacke, und jenen ungegründeten Urteilen entgegenzuarbeiten, ist die vornehmste Absicht folgender Aufsätze.

Sie sind zufälliger Weise entstanden, und mehr nach der Folge meiner Lektüre, als durch die methodische Entwickelung allgemeiner Grundsätze angewachsen. Es sind also mehr unordentliche Kollektanea zu einem Buche, als ein Buch.

Doch schmeichle ich mir, daß sie auch als solche nicht ganz zu verachten sein werden. An systematischen Büchern haben wir Deutschen überhaupt keinen Mangel. Aus ein paar angenommenen Worterklärungen in der schönsten Ordnung alles, was wir nur wollen, herzuleiten, darauf verstehen wir uns, trotz einer Nation in der Welt.

...

ZEITTAFEL

1729
Gotthold Ephraim Lessing wird am 22. Januar in Kamenz geboren. Der Vater Johann Gottfried Lessing ist Pastor in der Kamenzer St.-Marien-Kirche. Die Mutter Justina Salome (geb. Feller) ist Hausfrau

1737 - 1741
Besuch der öffentlichen Stadtschule/Lateinschule

1741 - 1746
Fürstenschule St. Afra in Meißen. Neben anderen Fächern 25 Wochenstunden Religion und 15 Wochenstunden Latein

1746 - 1748
Studium der Theologie und Philologie in Leipzig. Erste Kontakte zum Theater. Erste Übersetzungen

1747
Erste Lustspiele: Damon, oder die wahre Freundschaft. Der junge Gelehrte

1748
Immatrikulation für das Medizinstudium in Wittenberg. Umzug nach Berlin

1751
Mitarbeiter für mehrere Berliner Zeitungen. Erste Gedichtsammlung: Kleinigkeiten

1752
Magisterexamen für Medizin an der Universität Wittenberg

1754
Freundschaft mit Moses Mendelssohn und Friedrich Nicolai

1760 - 1765
Sekretär des preußischen Generals Tauentzien in Breslau

1765 - 1767
Berlin. Minna von Barnhelm. Laokoon.

1767 - 1770
Hamburg. Leiter des Nationaltheaters. Hamb. Dramaturgie

1770
Lessings Vater stirbt im Alter von 77 Jahren

1770 - 1781
Bibliothekar in Wolfenbüttel

1776
Heirat mit Eva König in Jork bei Hamburg

1777
Lessings Mutter stirbt im Alter von 74 Jahren. Lessings Sohn Traugott stirbt nach einem Tag.

1778
Lessings Frau Eva stirbt am Kindbettfieber.

1779
Nathan der Weise

1781
Lessing stirbt in Braunschweig am 15. Februar mit 52 Jahren

SEKUNDÄRLITERATUR-EMPFEHLUNGEN

WERK:

Sämtliche Schriften. 23 Bände. Lachmann. Stuttgart/Leipzig/Berlin

Werke. 8 Bände. Wissenschaftliche Gesellschaft Darmstadt

Werke in drei Bänden. Deutscher Taschenbuch Verlag

Lessing Handbuch. Leben, Werk, Wirkung. Monika Fick. Metzler-Verlag

Lessing. Epoche, Werk, Wirkung. Beck-Verlag

Briefe von und an Lessing. Helmuth Kiesel. Deutscher Klassiker Verlag

BIOGRAPHIEN:

Willi Jasper. Lessing. Biographie. List Verlag

Gotthold Ephraim Lessing. Wilhelm von Sternburg. rororo Monographie

Lessing im Gespräch. Richard Daunicht. Berichte und Urteile von Freunden und Zeitgenossen. Wilhelm Fink Verlag
Erbpflege in Kamenz. Im Auftrag des Lessing-Museums Kamenz. Jahreshefte.

Lessing. Wolfgang Drews. rororo Bild-Monographien

INTERNETEMPFEHLUNGEN

www.lessing-portal.hab.de

www.lessing-akademie.de

www.lessingmuseum.de

www.lessingrezeption-kamenz.de

www. wikipedia.org/wiki/Gotthold_Ephraim_Lessing

www. gutenberg.spiegel.de
(Lessing Texte)

Weitere Gedichte

Lobspruch des schönen Geschlechts

Wir Männer stecken voller Mängel;
Es leugne, wer es will!
Die Weiber gegen uns sind Engel.
Nur taugen, wie ein Kenner will,
Drei kleine Stück' - und die sind zu erraten, -
An diesen Engeln nicht gar zu viel!
Gedanken, Wort und Taten.

Der Eremit

Im Walde nah bei einer Stadt,
Die man mir nicht genennet hat,
Ließ einst ein seltenes Gefieder,
Ein junger Eremit sich nieder.

„In einer Stadt", denkt Applikant,
„Die man ihm nicht genannt?
Was muß er wohl für eine meinen?
Beinahe sollte mir es scheinen,
Daß die, - nein die - gemeinet wär."
Kurz Applikant denkt hin und her,
Und schließt, noch eh er mich gelesen,
Es sei gewiß Berlin gewesen.

„Berlin? Ja, ja, das sieht man bald;
Denn bei Berlin ist ja ein Wald."

Der Schluß ist stark, bei meiner Ehre:
Ich dachte nicht, daß es so deutlich wäre.
Der Wald paßt herrlich auf Berlin,
Ohn' ihn beim Haar' herbeizuziehn.
Und ob das übrige wird passen,
Will ich dem Leser überlassen.
Auf griechisch weiß ich, wie sie hieß;
Doch wer verstehts? Kerapolis.

Hier, nahe bei Kerapolis,
Wars, wo ein junger Eremite,
In einer kleinen leeren Hütte,
Im dicksten Wald sich niederließ.
Was je ein Eremit getan,

Fing er mit größtem Eifer an.
Er betete, er sang, er schrie,
Des Tags, des Nachts, und spät und früh.
Er aß kein Fleisch, er trank nicht Wein,
Ließ Wurzeln seine Nahrung sein,
Und seinen Trank das helle Wasser;
Bei allem Appetit kein Prasser.
Er geißelte sich bis aufs Blut,
Und wußte wie das Wachen tut.
Er fastete wohl ganze Tage,
Und blieb auf einem Fuße stehn;
Und machte sich rechtschaffne Plage,
In Himmel mühsam einzugehn.
Was Wunder also, daß gar bald
Vom jungen Heiligen im Wald
Der Ruf bis in die Stadt erschallt?

Die erste, die aus dieser Stadt
Zu ihm die heil'ge Wallfahrt tat,
War ein betagtes Weib.
Auf Krücken, zitternd, kam sie an,
Und fand den wilden Gottesmann,
Der sie von weitem kommen sahe,
Dem hölzern Kreuze knieend nahe.
Je näher sie ihm kömmt, je mehr
Schlägt er die Brust, und weint, und winselt er,
Und wie es sich für einen Heil'gen schicket,
Erblickt sie nicht, ob er sie gleich erblicket.
Bis er zuletzt vom Knieen matt,
Und heiliger Verstellung satt,
Vom Fasten, Kreuz'gen, Klosterleben,
Marienbildern, Opfergeben,
Von Beichte, Salbung, Seelenmessen,

Ohn' das Vermächtnis zu vergessen,
Von Rosenkränzen mit ihr redte,
Und das so oratorisch sagt,
Daß sie erbärmlich weint und klagt,
Als ob er sie geprügelt hätte.
Zum Schluß bricht sie von seiner Hütte,
Wozu der saure Eremite
Mit Not ihr die Erlaubnis gab,
Sich einen heil'gen Splitter ab,
Den sie beküsset und belecket,
Und in den welken Busen stecket.
Mit diesem Schatz von Heiligkeit
Kehrt sie zurück begnadigt und erfreut,
Und läßt daheim die frömmsten Frauen
Ihn küssen, andre nur beschauen.
Sie ging zugleich von Haus zu Haus,
Und rief auf allen Gassen aus:
„Der ist verloren und verflucht,
Der unsern Eremiten nicht besucht!"
Und brachte hundert Gründe bei,
Warum es sonderlich den Weibern nützlich sei.

Ein altes Weib kann Eindruck machen;
Zum Weinen bei der Frau, und bei dem Mann zum Lachen.
Zwar ist der Satz nicht allgemein;
Auch Männer können Weiber sein.
Doch diesmal waren sie es nicht.
Die Weiber schienen nur erpicht,
Den teuern Waldseraph zu sehen.
Die Männer aber? - wehrtens nicht,
Und ließen ihre Weiber gehen.

Die Häßlichen und Schönen,
Die ältesten und jüngsten Frauen,
Das arme wie das reiche Weib, -
Kurz jede ging, sich zu erbauen,
Und jede fand erwünschten Zeitvertreib.

„Was? Zeitvertreib, wo man erbauen will?
Was soll der Widerspruch bedeuten?"
Ein Widerspruch? Das wäre viel!
„Er sprach ja sonst von lauter Seligkeiten!" -
O! davon sprach er noch, nur mit dem Unterscheide:
Mit Alten sprach er stets von Tod und Eitelkeit,
Mit Armen von des Himmels Freude,
Mit Häßlichen von Ehrbarkeit,
Nur mit den Schönen allezeit
Vom ersten jeder Christentriebe.
Was ist das? Wer mich fragt, kann der ein Christ wohl sein?
Denn jeder Christ kömmt damit überein,
Es sei die liebe Liebe.

Der Eremit war jung; das hab' ich schon gesagt.
Doch schön? Wer nach der Schönheit fragt,
Der mag ihn hier besehn.
Genug, den Weibern war er schön.
Ein starker, frischer, junger Kerl,
Nicht dicke wie ein Faß, nicht hager wie ein Querl -
„Nun, nun, aus seiner Kost ist jenes leicht zu schließen."
Doch sollte man auch wissen,
Daß Gott dem, den er liebt,
Zu Steinen wohl Gedeihen gibt;
Und das ist doch kein fett Gerichte!
Ein bräunlich männliches Gesichte,
Nicht allzu klein, nicht allzu groß,

Das sich im dichten Barte schloß;
Die Blicke wild, doch sonder Anmut nicht;
Die Nase lang, wie man die Kaisernasen dicht't.
Das ungebundne Haar floß straubicht um das Haupt;
Und wesentlichre Schönheitsstücke
Hat der zerrissne Rock dem Blicke
Nicht ganz entdeckt, nicht ganz geraubt.
Der Waden nur noch zu gedenken:
Sie waren groß, und hart wie Stein.
Das sollen, wie man sagt, nicht schlimme Zeichen sein;
Allein den Grund wird man mir schenken.

Nun wahrlich, so ein Kerl kann Weiber lüstern machen.
Ich sag' es nicht für mich; es sind geschehne Sachen.
„Geschehne Sachen? was?
So ist man gar zur Tat gekommen?"
Mein lieber Simplex, fragt sich das?
Weswegen hätt' er denn die Predigt unternommen?
Die süße Lehre süßer Triebe?
Die Liebe heischet Gegenliebe,
Und wer ihr Priester ist, verdienet keinen Haß.

O Andacht, mußt du doch so manche Sünde decken!
Zwar die Moral ist hier zu scharf,
Weil mancher Mensch sich nicht bespiegeln darf,
Aus Furcht, er möchte vor sich selbst erschrecken.
Drum will ich nur mit meinen Lehren
Ganz still nach Hause wieder kehren.
Kömmt mir einmal der Einfall ein,
Und ein Verleger will für mich so gnädig sein,
Mich in groß Quart in Druck zu nehmen;

So könnt' ich mich vielleicht bequemen,
Mit hundert englischen Moralen,
Die ich im Laden sah, zu prahlen,
Exempelschätze, Sittenrichter,
Die alten und die neuen Dichter
Mit witz'gen Fingern nachzuschlagen,
Und was die sagen, und nicht sagen,
In einer Note abzuschreiben.
Bringt, sag' ich noch einmal, man mich gedruckt an Tag;
Denn in der Handschrift lass ich's bleiben,
Weil ich mich nicht belügen mag.

Ich fahr' in der Erzählung fort -
Doch möcht' ich in der Tat gestehn,
Ich hätte manchmal mögen sehn,
Was die und die, die an den Wallfahrtsort
Mit heiligen Gedanken kam,
Für fremde Mienen an sich nahm,
Wenn der verwegne Eremit,
Fein listig, Schritt vor Schritt,
Vom Geist aufs Fleisch zu reden kam.
Ich zweifle nicht, daß die verletzte Scham
Den Zorn nicht ins Gesicht getrieben,
Daß Mund und Hand nicht in Bewegung kam,
Weil beide die Bewegung lieben;
Allein, daß die Versöhnung ausgeblieben,
Glaub' ich, und wer die Weiber kennt,
Nicht eher, als kein Stroh mehr brennt.
Denn wird doch wohl ein Löwe zahm.
Und eine Frau ist ohnedem ein Lamm.
„Ein Lamm? du magst die Weiber kennen."
Je nun, man kann sie doch insoweit Lämmer nennen,
Als sie von selbst ins Feuer rennen.

„Fährst du in der Erzählung fort?
Und bleibst mit deinem Kritisieren
Doch ewig an demselben Ort?"
So kann das Nützliche den Dichter auch verführen.
Nun gut, ich fahre fort,
Und sag', um wirklich fortzufahren,
Daß nach fünf Vierteljahren
Die Schelmereien ruchbar waren.
„Erst nach fünf Vierteljahren? Nu;
Der Eremit hat wacker ausgehalten.
So viel trau ich mir doch nicht zu;
Ich möchte nicht sein Amt ein Vierteljahr verwalten.
Allein, wie ward es ewig kund?
Hat es ein schlauer Mann erfahren?
Verriet es einer Frau waschhafter Mund?
Wie? oder daß den Hochverrat
Ein alt neugierig Weib, aus Neid, begangen hat?"
O nein; hier muß man besser raten,
Zwei muntre Mädchen hatten Schuld,
Die voller frommen Ungeduld
Das taten, was die Mütter taten;
Und dennoch wollten sich die Mütter nicht bequemen,
Die guten Kinder mit zu nehmen.
„Sie merkten also wohl den Braten?" -
Und haben ihn gar dem Papa verraten.
„Die Töchter sagtens dem Papa?
Wo blieb die Liebe zur Mama?"
O! die kann nichts darunter leiden;
Denn wenn ein Mädchen auch die Mutter liebt,
Daß es der Mutter in der Not
Den letzten Bissen Brot
Aus seinem Munde gibt;

So kann das Mädchen doch die Mutter hier beneiden,
Hier, wo so Lieb' als Klugheit spricht:
Ihr Schönen, trotz der Kinderpflicht,
Vergeßt euch selber nicht!
Kurz, durch die Mädchen kams ans Licht,
Daß er, der Eremit, beinah die ganze Stadt
Zu Schwägern oder Kindern hat.

O! der verfluchte Schelm! Wer hätte das gedacht!
Die ganze Stadt ward aufgebracht,
Und jeder Ehmann schwur, daß in der ersten Nacht,
Er und sein Mitgenoß der Hain,
Des Feuers Beute müsse sein.
Schon rotteten sich ganze Scharen,
Die zu der Rache fertig waren.
Doch ein hochweiser Magistrat
Besetzt das Tor, und sperrt die Stadt,
Der Eigenrache vorzukommen,
Und schicket alsobald
Die Schergen in den Wald,
Die ihn vom Kreuze weg, und in Verhaft genommen.
Man redte schon von Galgen und von Rad,
So sehr schien sein Verbrechen häßlich;
Und keine Strafe war so gräßlich,
Die, wie man sagt, er nicht verdienet hat.
Und nur ein Hagestolz, ein schlauer Advokat,
Sprach: „O! dem kömmt man nicht ans Leben,
Der es Unzählichen zu geben,
So rühmlich sich beflissen hat."

Der Eremite, der die Nacht
Im Kerker ungewiß und sorgend durchgewacht,
Ward morgen ins Verhör gebracht.

Der Richter war ein schalkscher Mann,
Der jeden mit Vergnügen schraubte,
Und doch - (wie man sich irren kann!)
Von seiner Frau das Beste glaubte.
„Sie ist ein Ausbund aller Frommen,
Und nur einmal in Wald gekommen,
Den Pater Eremit zu sehn.
Einmal! Was kann da viel geschehn?"
So denkt der gütige Herr Richter.
Denk' immer so, zu deiner Ruh,
Lacht gleich die Wahrheit und der Dichter,
Und deine fromme Frau dazu.

Nun tritt der Eremit vor ihn.
„Mein Freund, wollt Ihr von selbst die nennen,
Die - die Ihr kennt, und die Euch kennen:
So könnt Ihr der Tortur entfliehn.
Doch" - *"Darum laß ich mich nicht plagen.
Ich will sie alle sagen.
Herr Richter, schreib' Er nur!"* Und wie?
Der Eremit entdecket sie?
Ein Eremite kann nicht schweigen?
Sonst ist das Plaudern nur den Stutzern eigen.
Der Richter schrieb. *„Die erste war
Kamilla"* - "Wer? Kamilla?" *„Ja fürwahr!
Die andern sind: Sophia, Laura, Doris,
Angelika, Korinna, Chloris"* -
„Der Henker mag sie alle fassen,
Gemach! und eine nach der andern fein!
Denn eine nur vorbei zu lassen" -
„Wird wohl kein großer Schade sein",
Fiel jeder Ratsherr ihm ins Wort.

„Hört", schrieen sie, „erzählt nur fort!"
Weil jeder Ratsherr in Gefahr,
Sein eigen Weib zu hören war.
„Ihr Herren", schrie der Richter, „nein!
Die Wahrheit muß am Tage sein;
Was können wir sonst für ein Urteil fassen?"
„Ihn", schrieen alle, „gehn zu lassen."
„Nein, die Gerechtigkeit" - und kurz der Delinquent
Hat jede noch einmal genennt,
Und jeder hing der Richter dann
Ein loses Wort für ihren Hahnrei an.
Das Hundert war schon mehr als voll;
Der Eremit, der mehr gestehen soll,
Stockt, weigert sich, scheut sich zu sprechen -
„Nu, nu, nur fort! was zwingt Euch wohl,
So unvermutet abzubrechen?"
„Das sind sie alle!" „Seid Ihr toll?
Ein Held wie Ihr! Gesteht nur, gesteht!
Die letzten waren, wie Ihr seht:
Klara, Pulcheria, Susanne,
Charlotte, Mariane, Hanne.
Denkt nach! ich laß Euch Zeit dazu!"
„Das sind sie wirklich alle!" „Nu -
Macht, eh wir schärfer in Euch dringen!"
„Nein keine mehr; ich weiß genau" -
„Ha! ha! ich seh, man soll Euch zwingen" -
„Nun gut, Herr Richter,--Seine Frau" -

*

Daß man von der Erzählung nicht
Als einem Weibermärchen spricht,
So mach' ich sie zum Lehrgedicht,
Durch beigefügten Unterricht:
Wer seines Nächsten Schande sucht,
Wird selber seine Schande finden!
Nicht wahr, so liest man mich mit Frucht?
Und ich erzähle sonder Sünden?

Die Abwechslung

Ich trinke nicht stets einen Wein.
Das möchte mir zu ekel sein.
Wein aus Burgund, Wein von der Mosel Strande,
Einheimschen Wein, Wein aus dem Frankenlande,
Die wechsl' ich täglich mit Bedacht,
Weil Wechseln alles süßer macht.

Und mich soll nur ein artig Kind,
Wenn mehrere zu finden sind,
Durch süßen Zwang gepriesner Liebe binden?
O, dies zählt ich mit unter meine Sünden.
Nein, nein, ich folge meinem Brauch,
Mit artgen Kindern wechsl' ich auch.

AUF SICH SELBST

Ich habe nicht stets Lust zu lesen.
Ich habe nicht stets Lust zu schreiben.
Ich habe nicht stets Lust zu denken;
Kurzum, nicht immer zu studieren.

Doch hab ich allzeit Lust zu scherzen.
Doch hab ich allzeit Lust zu lieben.
Doch hab ich allzeit Lust zu trinken;
Kurz, allezeit vergnügt zu leben.

Verdenkt ihr mirs, ihr sauern Alten?
Ihr habt ja allzeit Lust zu geizen;
Ihr habt ja allzeit Lust zu lehren;
Ihr habt ja allzeit Lust zu tadeln.

Was ihr tut, ist des Alters Folge.
Was ich tu, will die Jugend haben.
Ich gönn euch eure Lust von Herzen.
Wollt ihr mir nicht die meine gönnen?

Die schlimmste Frau

Die Weiber können nichts als plagen.
Der Satz sagt viel und ist nicht neu.
Doch, Freunde, könnt ihr mir nicht sagen,
Welch Weib das schlimmste sei?

Ein Weib, das mit dem Manne scherzet
Wie ein gebildter Marmorstein,
Das ohne Glut und Reiz ihn herzet,
Das kann kein gutes sein.

Ein Weib, das wie ein Drache geizet,
Und gegen Kind und Magd genau,
Den Dieb mich zu bestehlen reizet,
O eine schlimme Frau!

Ein Weib, das gegen alle lachet,
In Liebesstreichen frech und schlau
Uns täglich neue Freunde machet,
O eine schlimmre Frau!

Ein Weib, das nichts als bet und singet,
Und bei der Kinder Zeitvertreib
Mit Seufzen ihre Hände ringet,
O ein noch schlimmer Weib!

Ein Weib, das stolz aufs Eingebrachte,
(Und welche nimmt der Stolz nicht ein?)
Den Mann sich gern zum Sklaven machte,
Das muß ein Teufel sein!

Ein Weib, das ihrem Manne fluchet,
Wenn er Gesellschaft, Spiel und Wein,
Wie heimlich sie Liebhaber, suchet,
Das muß – – ein Weibsbild sein!

Lied aus dem Spanischen

Gestern liebt' ich,
Heute leid' ich,
Morgen sterb' ich:
Dennoch denk' ich
Heut und Morgen
Gern an gestern.

Wem ich zu gefallen suche,
und nicht suche

Alten, alt zu unsrer Pein,
Denen von der Lust im Lieben,
Von der Jugend, von dem Wein,
Das Erinnern kaum geblieben;
Weibern, die der Taufschein drückt,
Wenn ihr Reiz der sonst entzückt,
Sonst gestritten, sonst gesiegt,
Unter Schichten Runzeln liegt;
Dichtern, die den Wein nicht loben,
Die die Liebe nicht erhoben;
Mägdchen, die nicht Gleimen kennen,
Rosten nicht vortrefflich nennen;
Weisen, die mit leeren Grillen
Leere Köpfe strotzend füllen;
Männern, die die Sitten lehren,
Und dich, Molier, nicht ehren,
Stolz auf ihr Systema sehn,
Und dich muntern Schauplatz schmähn;
Handelsleuten, die das Geld
Und ihr Stolz zu Fürsten stellt;
Falschen Priestern, die die Tugend,
Mir nicht munter wie die Jugend,
Mir nicht schmackhaft, mir nicht süße,
Wie den Wein, und wie die Küsse,
Mir nicht reizend, wie die Strahlen,
Aus der Phyllis Augen malen;
Stutzern, deren weißer Scheitel,
Deren reich und witzge Tracht,
Dummgelobte Schönen eitel,
Und zu ihresgleichen macht;

Unversuchten stolzen Kriegern;
Aufgeblasnen Federsiegern;
Ältlichklugen jungen Leuten;
Seufzenden nach bessern Zeiten;
Schwermutsvollen Gallenchristen;
Allen Narren, die sich isten;
Zum Exempel, Pietisten;
Zum Exempel, Atheisten;
Zum Exempel, Rabulisten;
Operisten und Chymisten;
Quietisten und Sophisten;
Und nicht wenigen Juristen;
Publizisten und Statisten;
Und nicht wenigen Linguisten;
Und nicht wenigen Stylisten;
Und nicht wenig Komponisten – – –
O der Atem will mir fehlen
Alle Narren zu erzählen – – –
Allen, die mich tadelnd hassen,
Die mein Leben voller Freude
Mich nicht, aus verstelltem Neide,
Ungestört genießen lassen;
Diesen Toren, diesen allen
Mag ich ** nicht gefallen,
Mag ich, sag ich, nicht gefallen.

*

Alten, die der Wein verjüngt,
Die mit zitternd schwachen Tönen,
Wenn die Jugend munter singt,
Ihr noch gleich zu sein sich sehnen;
Weibern, die, was an sich zieht,

Reiz und Jugend noch nicht flieht,
Die des Schicksals harte Hand
Weibschen Männern zugewandt;
Jungen Witwen, die sich grämen
Flor und Trauer um zu nehmen,
Und mit schwergereizten Zähren
Nur den andern Mann begehren;
Dichtern, die wie Dichter küssen,
Nichts als sich zu freuen wissen;
Dichtern, die wie Dichter zechen,
Nie versagten Beifall rächen;
Dichtern, die bei Kuß und Wein
Miltons lassen Miltons sein;
Dichtern, die im Scherze stark,
Mit Geschichten voller Mark,
Muntern Mägdchen munter lehren,
Was die Mütter ihnen wehren;
Dichtern, die mich spottend bessern,
Kleine Fehlerchen vergrößern,
Daß ich sie in ihrem Spiele
Desto lächerlicher fühle;
Rednern, die stark im Verstellen
Uns vergnügend hintergehn,
Wenn wir sie in zwanzig Fällen
Zwanzigmal nicht selber sehn,
Bald als Unglückshelden sprechen,
Bald die Tugend spottend rächen,
Bald als Könige befehlen,
Bald als alte Männer schmälen;
Künstlern, die auf Zaubersaiten
Sorg und Harm durchs Ohr bestreiten,
Und mit heilsam falschen Leide
Dämpfen übermäßge Freude;

Federbüschen, die nicht prahlen;
Reichen, welche reich bezahlen;
Kriegern, die ihr Leben wagen;
Armen, welche nicht verzagen;
Allen liebenswürdgen Mägdchen,
Liebenswürdgen weißen Mägdchen,
Liebenswürdgen braunen Mägdchen,
Liebenswürdgen stillen Mägdchen,
Liebenswürdgen muntern Mägdchen,
Wären es gleich Bürgermägdchen,
Wären es gleich Kaufmannsmägdchen,
Wären es gleich Priestermägdchen,
Wären es gleich Karnmermägdchen,
Wären es gleich Bauermägdchen,
Wenn sie nur die Liebe fühlen,
Lachen, scherzen, küssen, spielen;
Diesen, Freunde, diesen allen
Wünsch ich ** zu gefallen,
Wünsch ich, sag ich, zu gefallen.

Weitere Programme und CDs

Oliver Steller spricht und singt Gotthold Ephraim Lessing
(poesie&musik - CD)
Oliver Steller spricht und singt Heinrich Heine
(poesie&musik - CD)
Oliver Steller spricht und singt Rilke
(poesie&musik - CD)
Oliver Steller spricht und singt Hölderlin
(poesie&musik - CD)
Oliver Steller spricht und singt Kurt Tucholsky
(poesie&musik - CD)
Oliver Steller spricht und singt Erich Kästner
(poesie&musik - CD)
Oliver Steller spricht und singt Liebesgedichte
(poesie&musik - CD)
Oliver Steller singt vier Liebeslieder von Peter-T. Schulz
(poesie&musik - CD)
Oliver Steller spricht und singt zeitgenössische Lyrik
(poesie&musik - CD)
Oliver Steller spricht und singt Gedichte von Goethe bis heute
(poesie&musik - CD)
Oliver Steller spricht und singt Gedichte für Kinder 1
(poesie&musik - CD)
Oliver Steller spricht und singt Gedichte für Kinder 2
(poesie&musik - CD)
Oliver Steller spricht und singt Gedichte für Kinder 3
(poesie&musik - CD)
Lieder ohne Worte *(musik - CD)*

Rilke - Zwischen den Sternen *(Taschenbuch)*
Heine - Schlage die Trommel *(Taschenbuch)*

Kontakt

poesie&musik
Oliver Steller

www.oliversteller.de
info@oliversteller.de

Buchenweg 11
50226 Frechen

Tel.: 0 22 34 - 27 22 87

Newsletter unter:
www.oliversteller.de

„Der Aberglauben schlimmster ist, den seinen
für den erträglicheren zu halten"

Nathan der Weise

„Ich fürchte, grad unter Menschen möchtest du
ein Mensch zu sein verlernen"

Nathan der Weise

Impressum

Text: Oliver Steller
Redaktion: Susanne Steller
Graphikdesign: Sir Ellet Lover

Druck: GGP Media GmbH, Pössneck
© Oliver Steller 2011